U0924453

老北京街角的

卢文龙◎著

阿龙带您亲历
老北京的吃喝玩乐

北京联合出版公司
Beijing United Publishing Co.,Ltd.

图书在版编目（CIP）数据

街角的老北京 / 卢文龙著. — 北京：北京联合出版公司，2022.6
（正阳文库）
ISBN 978-7-5596-6168-5

Ⅰ. ① 街… Ⅱ. 卢… Ⅲ. ① 文化史－北京 Ⅳ. ① K291

中国版本图书馆 CIP 数据核字（2022）第 068463 号

街角的老北京

作　　者：卢文龙
插图作者：李　晨
主　　编：崔　勇
选题策划：正阳书局
责任编辑：徐　樟
装帧设计：王　梓

北京联合出版公司出版
（北京市西城区德外大街 83 号楼 9 层　100088）
北京启航东方印刷有限公司印刷　新华书店经销
字数 148 千字　889 毫米 1194 毫米　1/32　8.25 印张
2022 年 6 月第 1 版　2022 年 6 月第 1 次印刷
ISBN 978-7-5596-6168-5
定价：68.00 元

正阳文库 启

古都北京，背山面海，水甘土厚，自金肇都，垂八百余载，人文渊薮，财物阜充，实为首善。古往今来，史志文献于阐扬文化、发皇民族精神二者并重。而记述北京地方文献者卷帙浩繁，数量之巨，居举世之冠。其中，以西周之《燕春秋》为始，见于正史者，又以《燕十事》为首，自元以降，有《析津志》，明之《顺天府志》，有清一代之《日下旧闻》，堪称北京历史文献集大成之作，此后《光绪顺天府志》，1940 年编纂完成的《北京市志稿》，皆为考据北京历史案头之必备者。

图书馆界前辈杜定友先生有言："良以地方文献，非特为掌故史料之宝藏，亦且读之发人深省，使祖述先贤，爱护乡邦之念，油然而生。其影响于一国之文化，至深且巨也"。

今正阳书局承袭先辈之志，主张以事业参与历史文化保护工作，致力于历史文献的保护、研究与利用，进而增进民族文化之自信。自 2009 年创办迄今，多蓄典章文物，并于甲午马年启动“正阳文库”暨北京文化系列丛书出版计划，设古籍活化、口述历史、美术作品、影像资料、史地民俗、语言文学，共六大门类。其著作者既有学界先贤，又有普通百姓，选题既含学术专著，又有坊间珍闻。假以岁月，以期构建北京学知识体系，供后世研索。

唐太宗有云:“以铜为镜,可以正衣冠,以古为镜,可以知兴替;以人为镜，可以明得失。”地方志及地方文献，以“资政、教化、存史”为三大要务，编史修志功在当代，利在万世。正阳文库亦将赓续传统，补典章之得失、史乘之缺遗，为北京地方文献再续新篇。

目录

吃了么您呐？

咂摸滋味

闲趣儿

把玩

旧时光

TKL
TKL
国 创新 包容
理髮
十元
长江
北京
出租

小卖部
首都剧场
快递

吃了么您呐？

吃了么您呐？

不怕三黄 就怕一黑

老北京有句说辞叫“不怕三黄就怕一黑”，这句话倒是和旧京的冬日很是应景。所谓“三黄”说的是三种黄色的吃食，栗子、柿子、白薯，而“一黑”则指的是黑枣。俗话说一场秋雨一场寒，霜降过后正是“三黄”上市的季节，记得有一年去房山采访听到了当地农户的一句民谚“七月枣、八月梨、九月柿子红透皮”，这说的都是农历，倒也印证了柿子成熟的时候，等到“一黑”上市，天气就已入冬了。

三黄一黑是旧京主打的零嘴儿，老北京卖白薯主要有烤白薯、煮白薯和烀白薯之分，煮白薯越在锅底的越甜，所以早年间走街串巷、推着独轮车卖煮白薯的都爱吆喝“锅底儿”。

多年前有一次，金生隆的老掌柜冯国明老先生带我去王府井东安市场故地重游，因为他的父亲在新中国成立以前就是在东安市场卖爆肚的，小时候冯先生随父亲在东安市场做生意，对那里的情景记忆犹新。

他曾给我讲到，老东安市场的北门附近有一个卖煮白薯的摊位，掌柜的挑的白薯都是一拃来长的匀溜个儿。在锅里煮熟之后，锅底能煮出一层的白薯蜜。把白薯捞出锅，然后再用小刷子蘸着白薯蜜刷在每块白薯上，白薯看起来晶莹剔透就像包了一层玻璃壳儿，码放在玻璃罩里，拿汽灯一照，看着就让人垂涎三尺，这是让他小时候记忆最深刻的煮白薯。

烤白薯是比较常见的一种做法，我小时候街头巷尾还经常有卖烤白薯的，一辆二八自行车，后边挎着一个汽油桶，汽油桶上也安了个自行车轮子，有点挎斗摩托那意思。桶里面生着火，里边放的是生白薯，汽油桶上边有铁皮盖儿，盖子上码的是烤熟的白薯。

烤白薯看似简单，这还真是门儿手艺，讲究大块儿沉底，小个浮头儿，就是大块儿白薯码放在桶底下，小块儿白薯放在桶上头，这也是有道理的。烤白薯的桶，底下火大上头火小，所以大块儿沉底，小块儿浮头儿，而且还得倒腾位置，要不然白薯熟得不均匀，不是烤煳了就是还没熟透。

那会儿走街串巷卖烤白薯的，用现在的眼光看似乎也不太干净，但是那时大家并不在乎这些，胡同里来个卖烤白薯的全都出来买，小贩用杆秤约着分量，孩子们给完钱捧着白薯吃得满嘴黑乎乎的，倒也不亦乐乎。而且以前记得白薯还有红瓤和白瓤之分，白瓤是栗子味的，那是大家争抢的对象。老北京住平房的时候屋里都生火炉子，很多北京人在家里也自己烤白薯吃，把生白薯放在炉膛里头，时不时地看看，忍着口水等着白薯熟，也是儿时的一种乐趣，似乎那个时候的生活很容易就能得到满足。

烀白薯其实现在的家庭也能做，不用炉子，只要家里有灶台就都能做，用炒菜的圆底儿锅倒上一锅底儿水，水上头扣一个碗，把生白薯围着碗边码一圈儿，盖上锅盖，小火烀着，没一会儿就能闻到白薯的香气。

白薯确实是好东西，可是它也有缺点，淀粉多，容易消化，所以就不扛时候。老北京有句顺口溜“切糕二里地，白薯一溜屁”，这是话糙理不糙。切糕一般是糯米或是黄米切糕，吃完了管饱，您走出二里地都不觉得饿，可是白薯不行，吃完了当时挺饱，过一会儿放俩屁又饿了。还有这白薯吃多了反酸烧心，胃不好的也都对它敬而远之。

柿子也是老北京过冬爱吃的水果之一，尤其以房山的磨盘柿子最有名，老北京卖柿子吆喝起来讲究四个咧，“吃咧呗，不涩的咧，涩咧还管换咧”，这一共有四个“咧”字。以前老北京的富户人家自己的四合院里也讲究种柿子树，柿子代表着事事如意，取一个好口彩。

自家种的柿子树，待到柿子成熟时，软软乎乎摘下来直接吃，就跟喝了蜜似的。要是买来的柿子一般都不是熟透的，您得回家自己漤。老北京几乎家家户户都有米缸，把柿子放在米缸里漤就可以，现在把柿子和苹果、梨放在一个塑料袋里，系上口儿也行。

漤柿子其实是把柿子催熟的一个化学反应，老百姓虽然说不出那些化学公式，但是生活经验使得他们知道该怎么做。您要不会漤柿子，在老北京还专门有句歇后语，叫“胳肢窝夹柿子——没您那么懒（漤）的”，其实这是取了个谐音，是北京话里形容一个人懒惰的意思，由此也可以看出北京话是生动幽默的。

老北京人还喜欢吃冻柿子，把柿子放在屋外的窗台上，那会儿北京的冬天也冷，柿子冻得邦邦硬的，吃的时候先往凉水里一泡，柿子外边结出一层的冰壳，剥掉冰壳拿牙一咬，浑身打激灵，怎是一个“爽”字了得啊！

老北京还有很多的歇后语也是和柿子有关系的，比如“老太太吃柿子——嘬瘪子了”，字面上看这是形容老太太吃柿子的形态，老人一般都没牙了嘛，所以得吃软柿子，咬一个小口儿，嘬着吃，这一嘬柿子也瘪了、腮帮子也瘪了。可是北京人用“嘬瘪子”这个词形容的是一件事办砸了，或是陷入了困境。还有“专拣软柿子捏”，这个表面看来是说挑柿子的方法，柿子软了就是熟透了嘛，所以得捏软柿子。可是北京人用这句话形容一个人没多大本事，就知道欺软怕硬，这叫专拣软柿子捏。

说到栗子，这算是比较贵的一种干果了，所以旧京有一种卖倭瓜的吆喝“栗子味儿的面老倭瓜”，就是说他卖的那个倭瓜是栗子味的。倭瓜便宜啊，买个倭瓜能尝到栗子味，这是多好的事啊！其实这也是从另一个角度说栗子贵。旧京的婚礼上也少不了栗子，新人的卧榻之上、被褥之间都要放上栗子，取的是谐音“立子”，也就是生儿子，而且孩子还得能养大了，立得住。

栗子的吃法最有名的当属糖炒栗子，说起现如今北京卖糖炒栗子最有名的肯定是地安门的那家——秋栗香，那是一对河南夫妇开的店，我曾和他们聊过天，攀谈的过程中他们讲到，糖炒栗子讲究用怀柔的优质板栗，锅里放粗砂，为的是栗子受热均匀，糖要用饴糖，栗子炒的时间必须要够，出锅之后不是直接卖，而是先要挑拣，有坏的栗子一律不卖，然后还要筛个儿，要保证每个栗子的个头儿和饱满度，这些工序一道都不能少，所以他家栗子出锅的时间比较慢，当然也是因为栗子做得真好，所以无冬历夏他家门口总是排着长队。

有些人总说北京人排外，其实不然，北京是一个包容的大都市，北京人也一样包容，地安门那家备受欢迎的栗子店就足以证明，只要东西够好，一样能在北京立住脚，北京人也一定会捧场。

前边说的是"三黄"，最后说说"一黑"。"一黑"所说的是黑枣，其实在植物学里属于柿树科。黑枣营养丰富，对改善贫血、血小板减少、乏力、失眠都有一定功效。老北京人在院子里种黑枣树的也不少见，孩子们对于黑枣串的糖葫芦也是喜爱有加，可是为什么会有"不怕三黄就怕一黑"的说法呢？皆因为北京人管枪子儿也叫黑枣，吃黑枣的言外之意就是挨枪子儿、被枪毙了，老舍先生的《上任》里就写道："反动派要是请吃'黑枣'可也先请他。"照此一看，又有谁不怕这"一黑"呢？

从雨来散到老字号

什刹海的美景尽人皆知，既古韵悠长又现代时尚，清晨是老北京的静谧，夜晚是新北京的喧嚣，不过说实在的，我对时尚向来不感兴趣，所以我更加喜欢清晨的什刹海，我总认为经典才是永恒，特色才是看点。

有时自己也在想，当外地人、外国人一股脑地涌进这座国际化大都市的时候，你终究想看到这座城市的什么？是它深厚的历史文化底蕴，还是那每座城市甚至每个国家都随处可见的灯红酒绿呢？如果为了泡吧，他们大可不必舟车劳顿地来到中国，来到北京！

还是言归正传吧！美景似乎都离不开水，有了一池碧波便有了灵动，像“银锭观山”经常被人误读为“燕京八景”也足以显现它的景色之美了。

景色美必然游人如织，游人多就有消费需求。再加上什刹海西北方的积水潭本是元朝重要的漕运码头，商贾云集自从元朝便开始了。

时光回溯到清朝咸丰年间，通州人季德彩在什刹海支起了烤肉摊子，这个小买卖便是日后大名鼎鼎的烤肉季。

有些资料里说烤肉季是清朝道光年间起家的，但据我所知，烤肉季的第一代掌柜的季德彩是生于清朝道光年间，到他在什刹海摆摊做买卖的时候已经是二十来岁了，那时候已经是咸丰年间了。

起初季德彩并不是一年四季在什刹海做买卖，他只是每年夏天在什刹海做一季的生意。季德彩做生意很实在，羊肉都是上好的滩羊，而且只用后腿、上脑这些极好的部位，剔除筋头巴脑，吃的时候绝不会塞牙嚼不烂，切肉的刀工也好，作料也齐全，所以季德彩摆出烤肉摊子不久便受到了欢迎。

这种家族的买卖基本都是父传子，所以烤肉季的第二位掌柜的无疑就是季德彩的儿子季宗斌，他倒也继承了父亲经商的理念，童叟无欺，依然很实在。就是因为掌柜的为人老实，而且又不多言多语，所以食客们还给季宗斌起了一个外号叫“季傻子”。其实这个外号倒没有恶意，只是形容他忠厚老实。

不过现如今想想，季宗斌可是一点儿也不傻，首先他能秉承父亲的经营理念依然诚信经营，这点确实值得现在很多商家借鉴，树立了品牌还能一如既往地提供优质服务，让消费者得到利益才是长久之道、真的聪明；二来季宗斌并没有一成不变地固守父亲创下的买卖，而是想着法儿地扩大经营。老北京一直有一种说法“南贱北贫东富西贵”，西城什刹海一带因为王府众多，居住的大都是皇亲国戚的贵族，所以有“西贵”之说。季宗斌看到了这一点居然把买卖做进了王府，据说那个时候，摄政王非常爱吃烤肉季的烤肉，经常把季宗斌招到府里为他做烤肉。季宗斌便推着自己的小车，带齐了原料、厨具去伺候摄政王。

咱们可以想想，摄政王都吃烤肉季的烤肉，这在当时就是名人代言的广告啊！什刹海周边居住的八旗子弟居多，而且他们又都讲究吃喝，甚至有攀比的嗜好，能尝到摄政王最得意的烤肉，那也是炫耀的资本啊！于是烤肉季的买卖自然是越做越火。

烤肉季传到第三代，掌柜的名叫季阁臣，这已经是民国时期了，到了这时期烤肉季有了一个质的飞跃。烤肉季原本还有个外号叫“雨来散”，为什么呢？因为烤肉季起家的时候不是坐商，只是一个摊位，而且也不在现在的银锭桥边，而是在荷花市场。在路边摆张大炙子、码几把条凳，客人当街吃烤肉，加之当时烤肉季每年就夏天一季做买卖，夏天雨水又多，一下雨这客人就都散了，所以叫“雨来散”。

可是到了烤肉季的第三代季阁臣这儿，他把当年的“雨来散”改成了小铺面，搭起了棚户，摆了八张桌子、二十几个凳子，由摊商变成了坐商，营业面积也增大了。可是季阁臣依然不满足于现状，他东奔西走、筹措资金，终于在1945年8月，在银锭桥畔买下了一座坐北朝南、古朴典雅的楼房，请大书法家溥心畬先生题写了“烤肉季”的匾额，不过那块匾额后来遗失了，现在的匾额是末代皇帝溥仪的胞弟溥杰所题。

烤肉季的烤肉吃起来也颇为讲究，大家耳熟能详的就有文吃和武吃之分。所谓文吃其实就是现在大多数去烤肉季的顾客享用的那种吃法，厨师在后厨把肉烤好了给客人端上来。可是据说当年还是武吃比较盛行，而且当年的吃法也和今天有些不同，现如今都是把肉用作料喂好了再烤，吃的时候不用蘸作料了，可是当年是单有作料的，用酱油、醋、姜末、料酒、卤虾油、葱丝、香菜末调成蘸料，上好的牛羊肉切成片，烤之前先夹起来在一碗凉水里涮一下，然后才上炙子烤。

烤肉用的家伙事儿叫炙子，看起来像一块圆铁板，但是炙子和铁板是绝不一样的，铁板是一整块，炙子是用铁条拼成的，至于为什么炙子是用铁条拼成的，有人说是因为这样烤出的肉比整块铁板烤出来的好吃，也许有一定道理吧！但是鄙人愚钝，倒是没尝出来。不过还有一种说法我倒是觉得有道理，因为烤肉季起家的时候是游商，每天要推着车来往于街市，整块铁板自然不好搬动和携带，若是铁条拼成的炙子，用时拼好，收摊儿时把它拆开，携带起来便容易了许多。再说炙子下面烧火用的木材也不是普通的柴禾，而是松柏枝，因为松柏枝本身燃烧起来就有一股清香味，这样一来不呛人，二来还能提肉香。

咱说了，当年烤肉季都是夏天做买卖，那时候天本来就热，再围着铁炙子烤肉，所以食客一般都是大汗淋漓，这个时候为了吃得痛快都是把上衣脱掉，肩膀上搭条手巾，一脚踩在地上，一脚跐在凳子上，一只手拿着大长筷子。

这副长筷子也有讲究，是山西特产的六道木做成的，这种木头上均匀分布着六道纹路故而得名。这种木头耐高温，所以用它做成筷子来烤肉不容易变形，烤肉季饭庄现在的后厨还保留着几双老六道木的长筷子。再说食客的另一只手端着蘸料的小碗，肉片一变色就夹下来，吃的时候还可以就着糖蒜、黄瓜条或是烧饼，因为这种吃法都是自己动手、自给自足，而且姿势很有武夫的架势，所以叫作“武吃”。

现如今的烤肉季已经发展成了大饭庄，不再单一地经营烤肉，也添上了各式炒菜，而且已不再是只在夏天做生意了，一年四季您都可以饱饱口福，现在反倒是隆冬季节吃烤肉是一种享受。烤肉季的二楼有一个包间，那里还保持着“武吃”的特色，包间里有一个大炙子，能围坐七八个人，现如今倒不必真的赤膊上阵了，但也可以体会一下踩着板凳的吃法。

最主要的是这个包间里朝北有一扇窗户，推开窗户就是北边平房的房顶子，这要是数九隆冬，外头飘着鹅毛大雪，眼皮子底下的屋顶子一片雪白，远处望，是红色的鼓楼和身后那青灰色高耸的钟楼，静静地伫立在银装素裹的北京，您在屋里头吃着烤肉喝着小酒，守着炙子温度一高，怀里的蝈蝈叫得正欢，把鸡心葫芦掏出来搁在桌子上听着叫儿，隔着布满哈气的小窗，品着北京的韵味，也是一种享受！

大白菜的记忆

冬储大白菜，经历过计划经济时代的北京人，都对它有着特殊的情感，它也承载了一代甚至几代北京人的记忆。我是一个八零后，对于白菜还算是有比较清晰的记忆，记得家里现在还收藏着各种粮票、购物本，1993 年取消全国粮票，那时的我已经 11 岁了。

小时候一到冬天，冬储大白菜、冬储蜂窝煤弄得跟全民运动似的，家家都会忙活起来。街道都有菜站，北京城的秋末冬初，孩子们都穿上毛裤的时候，那几天总会看到大卡车一趟一趟穿梭于胡同街道，往菜站运白菜。工作人员穿着蓝布大褂，戴着白布帽子、套袖在那儿卸货。那个时候家里的孩子都不是一个，虽说都上班，但是总有一个儿子会请一天假帮着老家儿搬白菜。那个时候的运输工具无非也就是用竹子做的小推车，能用得起铁皮三轮的家庭都是凤毛麟角。

我很清晰地记得，我家运白菜用的就是我小时候坐的小竹车，也许北京的孩子都坐过那种车，车里有三块板，一块在上、

两块在下就可以面对面地坐两个孩子，三块板都在下面铺平了就可以让孩子平躺，把板子都卸掉就可以装东西运货。别看就这么一辆竹子做的小推车，装满了白菜也得百十来斤，虽说推起来吱嘎带响儿，但还真是结实耐用。老家儿负责用推车把菜从菜站推回来卸在院门口，家里年轻力壮的小伙子把白菜搬到院子里码好，而那时我还很小，肩不能挑手不能提，只能被安排在院门口看着白菜堆。

我小时候的北京，正经的一家人住一个四合院的情景已经不多见了。往往都是好几家人住在一个大杂院里，虽说空间并不富余，但是大家却相处得其乐融融犹如一家。白菜买回家后每家都有自己码白菜的角落，门道、窗台、院子，到处都是，于是大杂院里就更显拥挤了。那个时候码白菜也是很有技巧的，保存不善的话白菜会冻坏，就没法吃了。有的时候即便没冻坏，北京冬天的西北风也会把白菜吹干，那样就只能扒掉一层菜帮子，结果损失的还是自己家。所以为了把损失降到最低，各家都有高招。有的人家把白菜一层一层之间用木棍子架起来，让它通风透气。有的人精心地把每棵白菜都用报纸包起来，怕它被吹干。

那个时候的白菜也是分等级的，一等菜最好也最贵，其次是二等菜和三等菜，听家里大人说一等白菜长得瓷实，分量足、菜帮子白，二三等的白菜用手一掐就显得暄腾了许多。可就是这样，您有钱也不是就能全买一等菜的，菜站都是搭配着卖，每家必须每个等级的菜都买点儿，于是这种情况又催生了高手。我相声门儿的师父孟凡贵就跟我讲过，从前他们家买来白菜都是先吃一等菜，把暄腾的二三等菜在院子里挖一条沟，竖着码在里头，沟里浇上点水，把白菜用草帘子一盖，这白菜在土沟里还能长，等到一等菜吃完了，二三等的菜也长瓷实了，是真是假反正我没试过。

老北京无处不体现着人情味，冬储大白菜也一样，那个时候住在胡同，似乎每条胡同都有军烈属、五保户之类的家庭，家里就孤寡老人一个，上了年纪腿脚不好，别说搬白菜，也许上趟公厕还需要别人搀着，可即便是这样，孤老户们在街坊四邻的照应下也活得很好，这就是北京话常说的“远亲不如近邻”吧！

记得那个时候一到冬天该囤冬储白菜的时候，班里都会以小队为单位，以一道杠小队长为首，带着五六个孩子，去自家胡同里帮助孤老户们搬白菜。因为孤老户家里就一个老人，一冬天也吃不了多少，所以这点活儿五六个小学生没一会儿也就干完了，每每临走的时候老人家都会发自内心地谢谢我们这帮学生，而我们也真是打心眼里感到自豪。最有趣的是每次去帮助孤老户之前，我们都会煞有介事地自我约束，干完了活不许吃人家东西喝人家水，其实到了才发现，老人家压根儿也没预备什么零食，那时的我们虽然傻得可笑，但是那种帮助人的心却是真的。

帮助别人的孩子也不会是十全十美的，尤其是男孩子都免不了淘气。记得小时候也曾拿白菜帮子打仗，拿一根破木棍儿扮演佐罗把人家的白菜捅得都是窟窿眼儿，晚上菜站下班之后我们便去菜站找烂白菜帮子踩在脚底下在街道上出溜，摔得一身泥还乐此不疲，回到家往往免不了一顿胖揍。

北京冬天的味儿，大白菜占据了很大一部分，当然我说的这种味儿，不光是味觉的感官，而且是韵味。物质匮乏的年代依然没有挡住北京人生活讲究的本性，即便只有白菜，餐桌上也会花样百出，白菜馅的饺子这是最普遍的，大人在切白菜剁馅的时候总会把菜心掏出来给一旁玩耍的孩子吃，白菜心那种甜丝丝、脆生生的口感，我想是每一个北京孩子的回忆吧！

白菜除了可以吃馅儿还有著名的渍酸菜，可能很多人说到渍酸菜都会想起东北，殊不知北京人吃酸菜的历史也不短了，缸瓦市的砂锅居创办于乾隆六年（1741 年），招牌菜就是酸菜白肉。老北京的百姓家似乎也都少不了渍酸菜的缸，酸菜不光能吃，就连酸菜汤也是冬天去火的饮品，而且以前住平房，谁要是煤气熏着了，喝点酸菜水也能缓解一下，不过渍酸菜汤虽然有种种功效，可是不到万不得已我想谁也不会轻易喝的，因为实在是不怎么好喝。

我曾经请外地朋友喝北京的豆汁，他们大都喝不惯，尤其是东北朋友会说，这玩意儿像他们东北的渍酸菜水，可是我喝了这么多年豆汁，真是无法把这二者建立起任何联系，这也许就是一方水土养一方人吧！

除此之外，凉拌菜心、芥末墩甚至往腊八醋的坛子里泡点儿切成块儿的白菜帮儿，都是老北京冬日里爽口的家常小菜儿。

白菜不光可以尝，其实也可以赏，北京人似乎天生骨子里就透着会玩、爱玩，这是对生活的热爱。冬天万物凋零，但是暖洋洋的屋里一定要弄得生机盎然，有钱人家栽菊花、种水仙，没钱的人家一样找乐儿，北京人的情趣有时与金钱无关，冬天到来就是一棵白菜儿瓣蒜都有情趣可言，白菜根切下来泡在小碟里周围再码上一圈蒜瓣儿用线串起来，时日不多便会开出白菜花、青蒜苗儿，这就成为了好看的小盆景。除了赏，要是吃炸酱面的时候，把青蒜苗儿掐下来剁成末儿，拌在面里，清香袭人啊！

冬日闲食 白水羊头

寒冬的夜晚，在一盏台灯下读书实在是一桩美事，任由思绪随着文章穿越回老北京的时光，那灰墙灰瓦的胡同和让人魂牵梦绕的市井民风，沉浸其中流连忘返，当回到现实中忽然发现时间似乎过得这么快。

看书累了我也喜欢温一壶小酒，自斟自饮，别有一番滋味，每当独酌的时候总会想起老北京一道下酒的佳肴——白水羊头。

白水羊头可以称之为老北京的冬日闲食了，说是“冬日”是因为这道小吃大多是在冬天畅销，而“闲食”则是因为它实在算不得正餐，充其量也就是道“小菜儿”。

老北京吃得起羊头肉的也不是一般人家，起码家里得趁几个子儿，而卖羊头肉的有坐商也有游商，坐商自不用说，就是坐店经营，除了羊头肉还会有其他菜肴，游商则是走街串巷的只卖羊头肉，他们或游走于胡同去宅门儿前吆喝，或是去澡堂子、戏园子周围等主顾。

过去老北京卖羊头肉的多是晚上出来，这个时候穷人家都已经早早地睡觉了，一来肚子里没油水，早睡就不觉得饿了，二来老北京有句话叫“点灯熬油”，这是形容一个人是夜猫子，晚上不睡觉，其实这句话也道出了另外一层意思，过去家里都是点油灯，晚上早睡，吹灯之后还能省一点灯油呢！然而，富人们的夜生活则是多姿多彩的，宅门里的富户晚上闲来无事打上几圈麻将，玩饿了便会把街上叫卖羊头肉的小贩叫住，买上一份当夜宵。从戏园子散戏出来的、澡堂子里泡饿了的，也免不了来顿夜宵，所以这些人在老北京是羊头肉的主要消费群体。

白水羊头看似简单实则麻烦，字面上看——白水羊头，就是用白水煮羊头，但是羊头是最难拾掇的，沟沟坎坎净是藏污纳垢之处，所以做白水羊头的第一步先是给羊头洗脸、刷牙、掏耳朵，要让整个羊头都干干净净的。

接下来便是用白水煮而且是什么调料都不放，就连盐也不用放，名副其实的白水羊头。羊头下锅也有讲究，最老的羊头放在锅的最底下，以此类推，最嫩的羊头放在浮头儿。

羊头煮好之后拆羊头也是技术，不光要把骨头拆出来，还要把部位分好，有羊头肉、羊舌头、羊眼睛等等，部位不一样卖的价钱可是有区别的。这一系列的工序都要趁热进行，如果羊头凉了拆起来可就麻烦了，所以新手学这个经常被烫得嗷嗷叫唤。

羊头拆分好了接下来还要片。现如今在北京卖羊头肉的馆子不少，但是片得漂亮的实在不多，我吃过两家觉得不错的，在这儿与大家分享,两家都是老字号,一家是“羊头马”,另一家是“白水羊头李”。这两家片羊头肉都是“坡刀”，也就是斜着下刀，羊头肉片出来薄如纸，如果说铺在报纸上能看见下面的字儿，一点儿也不夸张。

羊头肉的不同部位名称也不一样，比如羊的上牙膛，因为有一道道横着的纹理所以被叫作“天梯”,羊的舌头被叫作“口条”,还有羊头肉、羊眼。顾客的喜好不一样往往点的也都不一样，羊头肉是最普通的，几乎人人都能吃，但是羊眼就不是谁都敢吃了，因为看着害怕，其实羊眼吃到嘴里是又肉头又不腻，好多喜欢喝点小酒儿的主顾都愿意点上一盘儿羊眼。

白水羊头煮出来其实本身并没有什么味道，吃的时候还要撒上五香椒盐，这椒盐到底是怎么做的，那就是各家有各家的高招了。我也只是听闻，这椒盐里是用了中药材的，而且随着季节变化，药材也是有变化的，具体用到了什么这就是商业机密了，每当问起，老板也就是打哈哈了。

不过老北京卖白水羊头用的调料罐倒是别出心裁，可以说是纯天然、绿色无公害的材料——水牛角。把水牛角掏空拾掇干净，里面装上五香椒盐。牛角是一头粗一头细的，粗的一头用白布蒙上拿绳子一绷，在靠近牛角尖的部位钻个小孔儿。有食客买的时候，把羊头肉装盘，拿起牛角对着羊头肉抖上几下，那椒盐立刻像下雪一般落在了羊头肉上。这个动作一定要讲究潇洒利落，顾客看着也是一种享受。而且牛角用的时间长了自然会有一层包浆，纹理清晰、表皮油润，说是一件艺术品也不为过。

有的时候我常常假想这样一幅场景，在灰砖灰瓦的四合院里，外面北风呼号，屋里炉火正旺，炉子上坐着的水壶吱吱地冒着蒸汽，炉子旁蜷缩着一只花猫；屋内书案上一盏油灯，主人正在灯下看书，此时胡同远处传来一声声幽远的吆喝声——白水……羊头……主人放下书卷，起身披上棉袍，穿堂过院儿打开了院门，走到当街左右环顾了一下，只见远处一盏马灯由远及近，一个身穿破棉袄的老人正挎着一个木桶蹒跚走来。主人叫住老人买下了一盘羊头肉，转身关了院门，急匆匆地一路小跑回到了屋里，坐在书案前打开一瓶老酒，吃着白水羊头，烤着火隔窗观雪，这便是自得其乐吧!

卤煮

那是 2012 年，受邀去看了青年导演黄盈的话剧作品《卤煮》。之前对这部戏也有所耳闻，参加人艺戏剧邀请展的话剧想必错不了。看完之后便引发了写一篇关于《卤煮》的想法。话剧是以卤煮老字号为主线，表达的是老手艺在新时代的冲击下该何去何从，老城在被新城慢慢取代的同时，那些故都子民的无奈与叹息。之所以和这部剧有很大共鸣，是因为剧中的故事是我儿时亲历的。

卤煮，这个名字真可以说是不折不扣的北京特产了，如果不加解释，除了北京人谁能想到它是个怎样的吃食呢！北京的小吃有一大部分都是这样，名字里丝毫不带这种吃食的原料，让外人看了有些摸不着头脑。

我与北京小吃结缘很早，儿时家住在南横街，离着卤煮老字号小肠陈只有几步之遥，记得那时南横街东头儿的半条街似乎终日都飘着卤煮火烧的香味。

小时候时逢改革开放之风吹遍大江南北，胡同里有胆子做小买卖的，那时候叫“倒儿爷”或是“二道贩子”，都已经先富起来了，狭窄的胡同里紧贴着墙停着一辆皇冠轿车也是当时的一景儿。

但大多数的工人家庭还是靠着厂子里的死工资过日子，所以下馆子绝对是偶尔为之，即便是小饭馆也不常去，因此儿时最享受的事儿就是家大人今儿个高兴，让我拿上保温桶，给个块八毛的去南横街东口的小肠陈端一桶卤煮回来。

这东西冬天吃是最享受的。胡同里天色已经黑了，路灯洒下惨白的光，作业已经写完了，端着保温桶急匆匆地闻着味就奔了小肠陈。店门口一定是排着队的。进得店来先得去右手边的窗口买票儿，一碗卤煮是菜底儿配火烧，菜底必须买一份，火烧要不要、要多少都随意。因为店面实在是不大，所以好多老街坊都拿着小锅、小盆儿、保温桶买回家吃，在店里吃的都不光是为了吃，大多是胡同里的老爷们儿，在这儿连吃带侃山。

卤煮店里当然是以卤煮为主，也会卖点小凉菜儿，让我记忆最深的就是卖白酒，那个年月好像还不流行什么口杯或是小二，客人全都是零打酒。柜台里都是一斤一瓶的绿瓶红星二锅头，柜台上有一个带刻度的烧杯，客人要多少白酒，掌柜的用烧杯给量。拥挤的小饭馆里卤煮香、酒香再加上人声鼎沸，这就是我脑子里抹不去的市井生活。

从小家大人就告诉我，卤煮在旧社会是穷人吃的东西，那时我总觉得旧社会的穷人生活真好，能天天吃卤煮。其实就是这么一道被人们根深蒂固地认为是贫民食品的吃食，如果追根溯源却是源自宫廷的御膳。

卤煮是从苏造肉演变而来，在溥杰的夫人所著的《食在宫廷》这本书里就有所介绍，乾隆四十五年（1780年），乾隆皇帝巡视南方，曾下榻于扬州陈元龙的家里。陈府上有一个厨师叫张东官，烹制的菜肴很受乾隆喜爱，乾隆起驾返京的时候也把张东官带进了宫中。张东官知道乾隆喜欢厚味的菜肴，于是就用五花肉加丁香、甘草、砂仁、桂皮、蔻仁、肉桂等九味香料烹制出了一道肉菜御膳。因张东官是苏州人，所以这道肉菜就叫“苏造肉”了。

后来这道菜传到了民间，因为苏造肉选用的是上好的五花肉，一般百姓还是吃不起的，到了清末光绪年间，一个叫陈兆恩的商贩，也是卖苏造肉的，他为了老百姓也能吃上这口儿，用猪下水代替了五花肉，而且还在锅里煮上了火烧，没想到这一改良，竟创出了卤煮火烧“小肠陈”的字号。

解放前小肠陈曾在第一舞台，也就是现在珠市口路北，丰泽园饭庄的位置摆摊，每当散戏之后观众无不争相尝一碗卤煮火烧，甚至像梅兰芳、谭富英这样的梨园老板也会点一碗，让送到后台。

卤煮火烧别看是贫民食品，但是做起来极为讲究。汤底使用多种中药熬制而成，而且根据季节变化，配方的比例也有所变化。

卤煮火烧从名字就能看出来，火烧是顶要紧的。小肠陈的火烧都是自家烙的，别看是面做的，泡在汤里嚼着依然筋道。火烧捞出来切井字刀，里头的芯不能有白茬，外皮儿还不能煮烂了。炸豆腐切三角、小肠切段儿、肺头切块儿，最后还得切两片五花肉搁在浮头儿，这为的是纪念卤煮火烧是打苏造肉那儿传下来的，这叫“不能忘本”，最后浇上一勺老汤，洒上腐乳、蒜汁，这一碗就算得了。

但有一点您记住喽！正宗的卤煮火烧是不放香菜的。这整套过程，我小的时候见过小肠陈的第三代传人陈玉田老爷子做过。最让我记忆犹新的是，老爷子在锅里捞东西完全不借助任何工具，直接下手在滚开的锅里捞，那双手连蒸带烫的永远是惨白的。

我身边有很多朋友吃卤煮存在着误区，觉得肠子洗得太干净就不是那个味了，要脏点才好。这可着实不是个吃主该说出的话，无论古今，进嘴的东西都要干净，只不过旧社会穷苦人肚子里缺油水，所以洗肠子的时候不会洗得那么狠，要把肠子里的油留下来，自然味道重一些，而如今大伙肚子里不缺油水了，洗肠子的时候自然要“刮刮油”，味道就薄一些了。其实不光是肠油，就连咸淡也是有变化的，旧社会底层劳动者解馋的卤煮，即便是咸点也无所谓，那些卖苦力的人一天的劳动量那么大，吃盐多点才有力气，而如今有那么大劳动量的人少了，要是还那么咸也就离高血压不远了，所以这种变化是顺应时代的。

前文说过，我小时候小肠陈开在南横街的东头儿，那时我奶奶家在小肠陈西边的官菜园上街，我姥姥家在小肠陈东边的粉房琉璃街，可以说小肠陈正好在我奶奶和姥姥家的中间。那时候在我姥姥家待着的时候总能吃上这一口儿，因为我姥爷是小肠陈的忠实拥趸，他是在粉房琉璃街南口摆报摊的，每天天色擦黑儿，报纸卖完了，他便收摊回家，家里边姥姥已经为他准备好了晚饭，因为我姥爷喜欢喝两口儿，所以时常叫我拿着保温桶去小肠陈买点卤煮回来。姥爷坐在圆桌前喝着小酒儿吃着卤煮，我这个孙伙计在旁边看着，也能得上几口小肠、肺头。

记得南横街的小肠陈一直开到大概 2007 年，那时候我都上班有几年了，我家南横街的老宅也已经被拆了，南横街两边全是工地，这个我从小长大的地方此时竟然变得有些陌生了。

那一年的秋天，我下了班绕道去了一趟南横街，惊奇地发现小肠陈的老店还在营业，我独自一个人又一次坐进了店里，环境依然、味道依然，店面还是那样儿，不大的地方摆着五六张桌子，屋顶上一根儿惨白的管儿灯，依然是那么人声鼎沸。坐在屋里吃着卤煮，再看着屋外被拆的胡同废墟，真的有一种恍若隔世的感觉，想起小时候，最起码二十年过去了，二十年弹指一挥间，这种恍若隔世的感觉，也许只有生于斯长于斯的北京人才能体会。

再后来这家小肠陈也离开了南横街，但是没多久我发现小肠陈的位置上又开了一家卤煮火烧，好像叫什么老北京卤煮之类的，一看这个字号就带着明显的“做贼心虚”。我说说您听听是不是这个理儿，但凡是真的北京老字号没有必要再画蛇添足地加上“老北京”这仨字跟这儿提气，您像瑞蚨祥、内联升、全聚德等等，没有一家字号冠以老北京字眼儿的，反倒是什么老北京布鞋、老北京酸奶、老北京卤煮之流，您放心，没一样是对路子的，而且这些买卖还都扎堆在旅游景区附近。

咱们言归正传，几年之后在微博上我发现了一家小肠陈的店铺，开在德胜门内大街，我按图索骥地找到了。店主是一个八零后的小伙子，年龄比我还小，是个国安的球迷。这家店铺也不大，装修得带着点儿国安足球主题的风格。

点了一碗卤煮，味道还不错，和店主聊天得知，他就是陈老爷子的孙子。如今陈老爷子已经作古多年，他的孙子已经不在德胜门内大街开店，不过这几年他也发展的不错，开了几家分店，依然经营着卤煮，传承着这份手艺，延续着这份味道，让北京这座城更有了烟火气。

北京人讲究有里儿有面儿，不光是言谈举止要讲礼儿，就连吃饭都讲道理，什么时节吃什么、喝什么，这都不能胡来，都是有讲究的。

眼下秋风四起、天气渐寒，按照规矩就该是吃涮羊肉的时候了。说到涮羊肉的起源其实也并不在北京。最普遍的一个版本是说，有一年，忽必烈带兵打仗，在战事的间隙，忽必烈有些饿了，于是便想起了家乡的美味炖羊肉，他当即命令厨师做这道炖羊肉。可是羊肉要是炖透了得需要时间，谁知道敌人的反攻来得倒是快，羊肉还没炖熟呢，前线就传来战报了，忽必烈急中生智命人把羊肉切成薄片，羊肉片熟得快，下到开水里一涮，捞出来撒上调料就给吃了，这也就是涮羊肉的雏形了。忽必烈建立的元朝在北京定都之后，涮羊肉在北京也是长盛不衰。

在清朝历史上康熙和乾隆两位皇帝都曾经举办过规模宏大的“千叟宴”，所谓千叟宴，叟就是老年男子的意思，简单地说就是皇帝暮年之时，把一生辅佐自己的老臣包括地方乡绅，聚在一起

宴请大家，而且人数众多，达到千人。

其实何止千人呐！据记载乾隆五十年（1785 年），四海升平，乾隆帝为表示自己治理有功、皇恩浩荡，在乾清宫举行了千叟宴。

这次宴会可谓盛况空前。被邀请的老人约有3000名，这些人中有皇亲国戚，有前朝老臣，也有从民间奉诏进京的老人。乾隆皇帝还为90岁以上的老寿星赐酒。当时推为上座的是一位最长寿的老人，据说已有141岁，叫郭钟岳。当然也有另一种说法，那年郭钟岳是105岁。

有人说千叟宴既是皇帝赏赐的宴，也是要命的宴。此话怎讲呢？您想啊！这么多老人，有不少已告老还乡，有的还地处偏远。皇帝召集赴千叟宴，哪个敢不识抬举，于是跋山涉水、翻山越岭而来。那时候又没有现代化的交通工具，一路上舟车劳顿，没准途中重病就能要了半条命。

咱们言归正传，据说当年的千叟宴上就有羊肉锅子，近似于涮羊肉。这个时候，涮羊肉还是宫廷菜肴呢！直到清末，才流入了民间。

在北京说起吃涮羊肉的老字号，肯定是东来顺。要说起东来顺的得名还真是名副其实。东来顺的创始人叫丁德山，字子清，本是河北沧州人，来到北京之后就住在东直门外。他起初做的不是勤行的买卖，而是卖黄土的。老北京人烧煤球炉子，煤末子不掺黄土不好成型，黄土就相当于是黏合剂。这种买卖基本没什么成本，就是凭膀子力气。丁德山因为卖黄土，老去王府井东安市场一带，看到这儿买卖兴隆，于是就动了心思，想开家小饭馆。

靠着自己攒的一点本钱，再加上东拼西凑，丁德山的饭馆开业了。他起初做的只是豆汁的生意，后来逐渐添置了馅饼、小米粥、家常小菜。因为丁德山家住东直门外，来北京城里做买卖，希望一切顺顺当当的，取的是“来自京东，一切顺利”的意思，所以叫“东来顺”。

可是好景不长，1912 年曹锟发动北京兵变，这场兵变殃及了当时的东安市场，曹锟的军队连抢带烧，把东安市场几乎就给毁了。丁德山从 1903 年来东安市场摆摊，一点一点地干出了名堂，后来盖起了简易房，直到东安市场 1912 年着了大火，他在这儿勤勤恳恳地干了九年，要说遭遇了这种变故，搁在谁身上也受不了！可是丁德山并没有自暴自弃，他反而是决定要把买卖干得比从前还大，他要把以前平房的店铺改成楼房。1914 年东来顺新店落成，字号也改成了东来顺羊肉馆，生意大了，店里的伙计也比从前多了，在经营的内容上还添了清真炒菜，东来顺的涮羊肉也是打这一年才添上的。

吃老北京的铜锅涮羊肉，讲究也是很多的，首选是西口羊，其次是北口羊。所谓西口羊产自甘肃、宁夏，西口羊尾巴小，往里卷着，骨头架子小，肉质鲜嫩而且还不膻，因为生长在黄河的河套滩地上，所以也叫滩羊。北口羊是产自张北一带的，比西口羊就差点了。反倒是北京本地产的羊不能做涮羊肉，因为肉质糙，而且是膻味大。

当年老北京的马甸就是著名的牲口市，羊贩子打西口、北口赶过来的羊就是在这儿寻摸买主。羊买回来之后还不能立马就吃，那个时候贩运羊，没有大卡车，都是赶着羊来北京，一路上劳顿，羊已经非常疲惫，自然肉质也就欠佳了，所以买回来的羊先得精心地养上一段时间，等上了膘才好吃。

老北京涮羊肉的材料，其实并不是笼统的羊肉片，细分起来种类很多，比如大三叉、上脑、磨裆、羊筋肉等等，肥瘦不同，口感也不一样。羊肉讲究鲜切，铺在盘子里没血汤子，把盘子扣过来，羊肉要粘盘不能掉。

调料大概有芝麻酱、韭菜花、豆腐乳、香油、醋、酱油、辣椒油、葱花、香菜、卤虾油，调料在吃的时候基本有两种方法，一种是店家根据自己的配方给您调配好了，再有一种就是用大托盘把所有的料都端上来，您根据自己的口味亲自调配。这两种调法也存在争议，有人说，把调料都端上来让您自己调，是因为只有您自己才知道自己的口味，所以调出来的最合适。也有人不同意，说老北京的涮羊肉馆子，调料都应该是店家调好了端上来的，料调的好坏这也是店家的手艺，客人是花钱来吃饭的，岂有自己调料之理；再者，客人自己调小料会给商家留下话把儿，小料要是好吃那是店家备料讲究，小料要是不好吃，店家会说您不是个吃主，连小料都不会调，商家来一个两头堵，您自己也只能是哑巴吃黄连，弄一个烧鸡大窝脖了。不过两种说法哪个有理我不敢断言，也许二者皆有，我在此都说出来由各位自己品评吧！

曾经一位老字号的掌柜和我聊起吃涮羊肉，我才恍然大悟，原来现在很多年轻人根本不会吃涮羊肉。锅子水一开，连菜带肉全都倒在锅子里，这不叫涮羊肉，这叫乱炖。

老先生和我说，涮羊肉讲究很多，首先它不同于火锅，因为火锅有各种味道的底料，而涮羊肉一定是铜锅清汤，底汤里就放点葱、姜、枸杞一类。羊肉好的馆子，涮完了所有的羊肉，锅里是没有沫子的。

吃涮肉先涮的应该是羊肉，而且下肉的顺序也有讲究，要先下肥肉，这叫“肥肥汤”。把肥肉的油脂涮在汤里，之后再涮瘦肉或是菜会更加鲜美。虽然很多朋友跟我说过，先涮肉不符合健康饮食原则，但我一想，谁也不是天天吃涮羊肉，偶尔为之倒也无妨。

把肉下入锅里筷子是不离开的，一来您得管住自己下的羊肉，要是漂到别人面前这不礼貌，二来还得随时扒拉着，肉一变色立刻出锅，因为涮的时间太长了那叫“煮羊肉”。

涮肉蘸料也有讲究，有的是把羊肉放在小碟里，用勺扻着调料洒在肉片上，这样能保证调料不被稀释，不变味。还有一种是把涮好的肉沥干水分直接蘸在调料碗里，热肉凉料，在嘴里别有一番感受，至于这两种吃法有时人们总爱争个“谁是正宗”，其实我倒是觉得这完全出于个人喜好。涮完了、吃美了小歇一会儿，在聊天的过程当中吃两瓣糖蒜去去腻，然后才是涮菜和豆腐清清口，都吃完了下点杂面，拌上调料、扢点汤，再就上一个芝麻烧饼，这顿涮肉才算是正经吃完。一顿涮肉虽不大，但是饭桌上体现的却是北京人的规矩大。

您想想在老北京的饭庄里，如若外面大雪纷飞，覆盖在北京胡同的灰墙筒瓦之上，北风呼啸摇动着干枯的树杈，屋里三五好友围着热气腾腾的铜锅，吃上一顿涮羊肉，闲聊几句，小酌一番，如果怀里的蝈蝈再能应景地叫上几声，这其实就是北京人最真实的幸福。

一声过市炒肝香

旧京有这么句话，叫“稠浓汁里煮肥肠，一声过市炒肝香”，这说的便是北京的一样特色吃食——炒肝。

炒肝虽然是北京特色小吃，但是它的历史却并不久远，北京第一家经营炒肝的店铺叫会仙居，就在前门外鲜鱼口，现在虽然已经没有了，可它的名号在北京人的堆儿里绝对是耳熟能详。

会仙居开业于清朝同治年间，到现在不过是一百多年历史，但是您可听好了，会仙居开业的时候还没有炒肝呢！会仙居的掌柜叫刘永奎，起家的时候就是一个夫妻店，男主外女主内的这么一个小酒馆。

那会儿北京的酒无非就是烧黄二酒，也就是黄酒和白酒。说到老北京的酒，咱们说个题外话，老北京内城九座城门，往城里运酒的车专走哈德门，也就是现在的崇文门，得在这儿上税，所以崇文门的税官可是一个肥差，想当年慈禧太后就给自己的弟弟、隆裕的父亲桂祥安排在这儿了，当了一个税关监督，这可真是肥水不流外人田。上了税的酒自然价格就高，有不少买卖人为了多挣钱就往酒里掺水。您可能觉得这商家挺缺德的，但还有比这更缺德的，老北京还有一种“鸽粪酒”，说白了就是造假的伪劣酒，因为鸽子粪里含有氮、磷、钾，而且还有尿酸，把鸽子粪掺到酒里，人喝了会有头晕的感觉，顾客就会误以为这是高度酒，但是鸽粪酒常喝对人体是有害的。

咱们言归正传，刘永奎夫妻俩开的会仙居买卖红火还是因为诚信经营，卖的是好酒、做的是好菜。虽说小酒馆没有什么上得了大席面的佳肴，但是干净卫生、口味独特。生意一忙夫妻俩就显得人手不够了，于是刘永奎把小舅子刘喜贵叫到店里帮忙。刘永奎病故之后这买卖就归小舅子刘喜贵照应了，姐夫死了，小舅子接手，这也得算是肥水不流外人田吧！

刘喜贵以前就是京东农村的一个农民，种地是把好手，为人倒是老实、勤快，可是做买卖却不大在行，以前给姐夫打打下手倒还好，这下自己当掌柜的就显得力不从心了，好在他有两个儿子，都在饭铺里学过徒，有俩儿子帮衬着，买卖倒也不错。这俩儿子一个会做白水杂碎，另一个烙烧饼是把好手。

会仙居的白水杂碎用的都是上好的猪肝、猪肠、猪肺、猪心，用碱水洗干净，猪肝改刀成片儿，猪肠切段儿，猪肺切条儿，猪心切丁儿，调料丰富，做好之后是别有风味，自打会仙居添了烧饼和白水杂碎，来的客人更多了，都是奔着这一口儿的。

1900 年庚子事变，八国联军进北京，前门外好多的商家都毁于了战火，各家商户纷纷关门谢客，可是会仙居却一直经营着，也该着它走运，炒肝可就要出世了。

要说到炒肝的问世，还得感谢当时《北京新报》的总编杨曼青。1900 年，杨曼青去会仙居吃饭，那儿当时卖的还是白水杂碎。杨曼青吃过之后，就给掌柜的出主意，让他把猪心、猪肺去掉，就留猪肝和猪肠，加色勾芡，起名叫炒肝。过了一阵子，会仙居果然研制出了炒肝，杨曼青在《北京新报》上再帮会仙居一宣传，从此炒肝一炮而红。而且京城只有会仙居一处，这就叫特色经营。

有人说，会仙居是因为遇见过神仙，所以才叫会仙居的。这个传说在老北京的街头巷尾广为流传，但这只不过是商家的营销手段罢了。民国时期会仙居的生意有些不景气了，于是掌柜的想出了一个辙，说是在一个夏天，一位须发皆白的老人来到会仙居吃饭，进门上了二楼，拣了靠窗边的桌子坐了下来，老人连吃带喝，一会儿就醉倒在桌上睡着了，这个时候外面阴云密布，下起了暴雨，突然一声惊雷过后，小伙计再上二楼，发现靠窗边的桌子旁，老者已经没影了，于是会仙居逢人便讲，会仙居真是会到神仙了！

传说散出去之后会仙居还真是火了一阵子，来这儿的食客不乏有为猎奇而来的，到了 20 世纪 30 年代的时候，会仙居迎来了自己的劲敌——在他们家对过儿开了一家天兴居饭馆，生意是一位姓洪的厨子和一位烙大饼的沙师傅合开的，最主要的是天兴居也卖炒肝，这一下就打破了会仙居曾经的独一无二。

就在竞争激烈的时候，会仙居的掌柜的，也就是刘喜贵的那俩儿子相继去世了，接班儿的是弟兄五个，老北京有句话叫“俩人是伴儿，仨人是乱儿”，何况这五个人呢！这哥儿五个轮流掌柜，每人负责一个月。您想啊，掌柜的走马灯似的换，一人一个路数，这买卖能好得了吗。

果不其然，后来者居上，天兴居的名声渐渐超过了会仙居。新中国成立后，1956 年公私合营，会仙居和天兴居合并，就留一个字号——天兴居。

现如今的天兴居还在鲜鱼口里，喝炒肝的人老是排着大长队。天兴居的炒肝做得确实讲究：猪肠切寸段儿，也叫“顶针段儿”，像老太太做针线活儿戴的顶针儿；猪肝切成“柳叶片”，也就是柳树叶的形状；蒜要捣成泥，讲究“吃蒜不见蒜”，不光是蒜瓣儿，就连蒜辫子也不糟践，拿那个煮肠子还能去骚气；最主要的就是勾芡，天兴居的炒肝得用口蘑汤勾芡，而且是“立芡”，几乎是不沾碗的。

炒肝一定说“喝炒肝”不能说“吃炒肝”，因为一碗炒肝拿在手里不用筷子和勺，就是端碗喝，因为用勺一和拢就乱了芡了，炒肝喝完之后，碗壁上只挂着薄薄的一层芡汁，晶莹剔透，看着都漂亮。喝炒肝就什么也有讲究，现如今大多就包子，老北京也有就着烧饼吃的，这种吃法在天兴居的玉蜓桥店得到了恢复。

关于喝炒肝到底吃包子还是吃烧饼我也听到过争论。有人说炒肝就包子打早年间就是这么传下来的，一直吃到了今天。也有人说，一来炒肝又是芡又是下水本来就够腻了，您再来俩肉包子那不是更腻吗！再者说，炒肝为什么用下水啊，那还不是因为穷人吃不起正经肉拿炒肝解馋呢吗？您既然都吃不起正经肉了，那这肉包子您就吃得起吗？所以过去的人都是炒肝就烧饼。

二者似乎各有各的理，我倒是觉得不必较真儿，现如今咱是吃得起正经肉了，所以到底是就包子还是配烧饼，您大可以随自己的口儿。

如今，我发现总有一种怪象。有些假行家，只要你一说老字号，他们总会冒出来说，“老字号不行了、不正宗了”，但是您要是追问他哪不正宗了，正宗的应该什么样，他一准搁那了。

我个人感觉天兴居一如既往，不光炒肝是店里的一宝，它还有另外一宝，这样宝贝如今可是不多见了，这就是大跑堂的。

以前一说饭馆有这么一句话“饭馆子叫人服，全凭堂柜厨”，换句话说，堂头儿、掌柜的、厨师傅对于一家饭馆来说是至关重要的。堂头儿管接待，掌柜的管经营，厨师傅负责菜品，这几位缺一不可。

我曾经就在天兴居的玉蜓桥店遇到过一位堂头儿，老爷子估摸有六十上下，老北京人，待人接物热情得体。有一次我自己去天兴居吃饭，一进屋老爷子就主动招呼:“赶紧里边请！您几位？”就这口京腔儿听得那叫一个舒坦，而且就这一句“您几位？”，把北京人的有里有面体现得淋漓尽致。

老北京人讲究称呼您，无论是岁数大小，都互相尊称您，显得那么客气。就凭这一句招呼，我吃这一顿饭的时间全都在注意这位老爷子呢！只见这时候有一桌客人吃完了准备离开，老爷子上前一边收拾桌子一边嘱咐，因为那是一个冬天，老爷子说“各位吃满意了？您先在这儿坐会儿落落汗儿，外边天冷，回头出去喝了风、着了凉该难受了”。

其实这才叫真正的服务员，干这行的不该是公司培训刻板地背下一些客气话和客人生硬地打招呼，而是应该像老爷子这样设身处地地为顾客着想，透出浓浓的人情味。后来回家我便在微博上写了这位堂头儿。当我第二次再去的时候，老爷子热情地跟我打声招呼，还说谢谢我，说我在微博里一写他，好些人慕名而来，就为看看这位堂头儿。

不过最近再去，店里人说老爷子可能因为太累，已经不干了。我不免心中感叹，虽说天兴居的炒肝确实够味儿，要是还能配上那位堂头，这味儿岂不更足?!

咂摸滋味

喝茶绝对是北京人生活当中不可或缺的一部分，可不是只在清明节话品茶应个景儿。一到清明时节，茶叶市场都要火爆一把，甭管是不是明前、雨前，反正都敢打这个旗号，几千、几万一斤的茶叶倒也见怪不怪了。

北京其实历来不缺好茶叶，老字号的茶庄在北京一抓一大把，那里经营的茶叶肯定档次齐全，但是最让北京人魂牵梦绕的，还得说是那口儿茉莉花茶。

提及北京人为什么爱喝茉莉花茶，听到的一种说法我觉得还是有几分道理的，因为北京的水以苦水居多，而茉莉花茶带有的香气可以去除水的苦涩。所以您看皇上住在北京城，但是他得喝京西玉泉山的水。

关于北京苦水井多的原因，还有一段在市井流传的故事。据说朱棣定都北京，要设计修建北京城，请来刘伯温和姚广孝二人，让他们俩在大殿之上当着朱棣的面，背对着背各画一张北京城的设计图，如果二人画的一样便破土动工，如若二人画的有所出入那就再议方案。

结果刘伯温、姚广孝俩人画好城图，拿来一比，居然是分毫不差，画的都是八臂哪吒城。但是这个城图可惹恼了北京地界儿的老龙王。龙王于是决定要和龙婆一起幻化成一个老头和一个老婆儿，推着水车，装上北京城的苦水和甜水离开，要渴死全城的百姓，水车上装水的水篓就是小龙变成的。

刘伯温号称是半仙之体、能掐会算，他就算到了龙王的心思，于是派出小将高亮出西直门追赶龙王。现如今西直门外有个地名叫车道沟，据说就是当年龙王推着水车撵的一道沟。过了车道沟，高亮赶上了龙公龙婆，用银枪挑破了一个水篓，霎时间大水袭来，而另一个水篓化作一道彩虹飞进了玉泉山里。被刺破的水篓装的是苦水，而飞进玉泉山的是甜水，所以打这儿起，北京城里苦水多，玉泉山里甜水多。后来高亮被大水追赶，在西直门外被水卷走，为了纪念高亮赶水，便在西直门外修了一座高亮桥，便是今天的高梁桥。

正是因为北京城里的苦水井多，所以要是能有一口甜水井恨不得地名都得带出来，比如王府井北京饭店后身有大甜水井胡同，大栅栏附近有甘井胡同等等。

也是因为甜水少，所以老北京那会儿基本每家都有俩水缸，大缸盛苦水，洗脸、洗衣服；小缸盛甜水，沏茶、做饭用。当时北京还专门有井窝子，推着水车负责往家里送水，但这是收费的。侯宝林先生小时候就帮人推过水车，在《一户侯说》里就写道:“我还帮人拉过水车，那是下雨天。下雨天要饭没法要，下雨天我上哪儿去要饭呢？那时兴华寺街西口有个水井，一个山东人开了个井窝子，把水打上来，倒在大槽子里，然后雇个人推着水车，挨门挨户往各家送水。一到下雨天，道上坑坑洼洼的，车不好推，推水车的就找个小孩在前边帮着拉一把，给两个大铜板，拉两趟给四个大铜板。我那时个子小，力气也小，拉水车没多大劲儿。但推水车的人没斥责我，只是说：使点儿劲儿！使点儿劲儿！他只要我帮着他把水车拉过路上的水沟，把水平安地送到各家，然后帮着他把水车送到井窝子，就算完事了。有时送回水车，正赶上他们吃饭，那个推水车的大爷还偷偷地掰半拉窝头塞给我，这事儿还不能让开水井掌柜的看见。那时候，穷人和穷人确实心连着心哪！这是一点儿也不假的。”

刚才说了，因为水质的原因，所以北京人对茉莉花茶是情有独钟，但是这茉莉花茶是怎么发明出来的呢？这就有个传说故事了。

话说在很早以前，咱北京有个叫陈古秋的茶商。有一年冬天，他请来一位品茶大师一块儿研究一下北京人爱喝什么茶，这也算是开发新产品。正在品茶这当儿，陈古秋突然就想起了一件事，家里藏着点儿几年前一位南方姑娘送给他的茶叶，于是找出来和这位品茶大师一起尝尝。

茶叶冲泡好了，谁知这怪事也来了，只见碗盖一掀，先是异香扑鼻，接着在蒸腾的氤氲雾气中出现了一位美貌姑娘，双手捧着一束茉莉花，陈古秋再一眨眼，姑娘不见了，又是一团雾气。

陈古秋百思不得其解,便问大师,大师笑道:“陈贤弟,你做下好事啦！这乃茶中绝品报恩仙,过去只听说过,今日才亲眼所见,这茶是谁送你的？”

陈古秋一五一十地说了。有一年他去南方进茶叶，住店的时候遇见一位孤苦伶仃的少女，那姑娘说她父亲死了，没钱安葬，直到现在还搁在家里呢！陈古秋也是一个善人，二话没说掏银子给了那位姑娘。一晃三年过去,这年春天陈古秋又去南方进茶叶,住的还是那家客店，店老板转交给他一小包茶叶，说是那位姑娘给的。陈古秋当时并没有喝，今天想起来，拿出和大师一品，竟然得知这是珍品，而且还是绝品，因为陈古秋当时也问过店老板，老板说那姑娘已死去一年多了。

听完这个故事大师沉吟片刻忽然说：“为什么她单就捧着茉莉花呢？”于是俩人又冲泡了一杯，那手捧茉莉花的姑娘又出现了。陈古秋一边品茶一边琢磨：“莫非这是在提示我，茉莉花可以入茶？”陈古秋便将茉莉花加到茶中，果然制出了芬芳诱人的

茉莉花茶，而且深受北京人喜爱，从此北京人便离不了它了。这毕竟是一个传说故事，具体是谁家第一个发明出了茉莉花茶不太好说，但是现如今留下的茶叶铺老字号依然火爆。

您像吴裕泰，开业于清光绪十三年（1887 年），如今走过百年，人家不光在经营茶叶，而且夏天还卖起了绿茶冰激凌，用料实在备受欢迎，这也是老字号的成功出新。

正兴德茶庄始建于清乾隆三年（1738 年），原本是天津的老字号，1898 年（清光绪二十三年），又在北京开了分店，这是一家传统的清真茶叶铺。

张一元的传说是最有意思的，老人们都在盛传，张一元名字的由来是因为创始人姓张，花了一元钱买了黄河彩票中了大奖才开了茶叶铺，所以叫张一元。但其实黄河彩票是民国十九年（1930年）为了赈济黄河水灾才发行的，而张一元是光绪二十六年（1900年）就开业了，人家取名张一元的真正含义是“一元复始、万象更新”。

北京人喜欢喝茶从一起床就能体现出来，平民百姓家起床，先要闷上一壶茶，现做开水来不及，就用水汆儿先烧一点水沏茶。

穷人喝不起好茶叶，所以茶叶铺里单有卖高碎的，其实就是茶叶的碎末，因为是下脚料，价格便宜，所以很受老百姓欢迎，至今很多老北京人还有喝高碎的习惯。因为都是茶叶末，所以用水沏的时候茶叶末在水里要翻腾半天，老百姓管这叫“满天星”，喝茶的时候为了防止喝一嘴茶叶末子，还要使劲地吹，所以也管它叫“吹茶”，这倒是也体现了北京人自嘲的特性。

有点儿钱的人则讲究去茶馆喝茶。有的是早晨遛鸟，之后去茶馆连喝茶外带吃早点。北京的茶馆种类也多，有清茶馆、棋茶馆、书茶馆、野茶馆之分。老北京天桥一带就有不少的书茶馆，一般这种茶馆上午卖清茶，下午开始就有说书的了。茶馆的柱子上挂一块牌子，上写“开书不卖清茶”，就是告诉您，一开书就不光得给茶钱了，听书也得单收钱，每说完一段书都有小伙计拿着小笸箩下来收钱，这种书茶馆能从下午一直说到晚上，下午那叫“说白天”，晚上说书叫“说灯晚儿”。直到现在，园子里品茶听书也是不少北京人休闲的首选。

现如今喝茶似乎越来越讲究，高档茶楼、南方的茶道，外带头几年的普洱热，但是当一切热潮冷却了之后，发现在茶庄里来买茶的老北京人还是那句“您给来半斤花茶”，街边下象棋的老爷子手边放的还是大把儿缸子沏的酽茶，这也许不昂贵也不算讲究，但这就是生活。

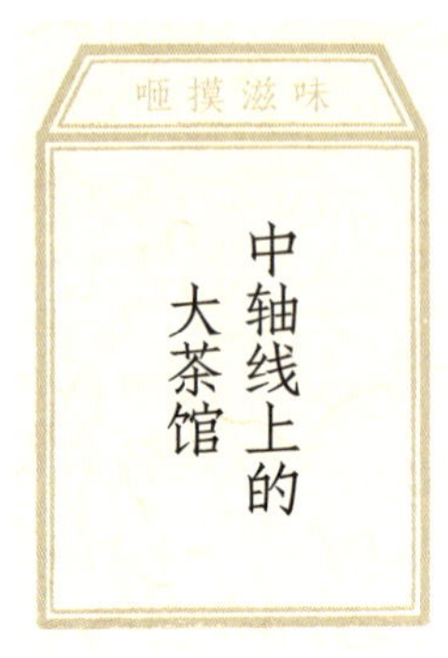

老北京的大茶馆其实我未曾经历过，但是不知为什么，我总有那么一股子茶馆的情结。

对于老北京茶馆启蒙的认识，还是源自老舍先生的话剧《茶馆》。而今天决定写写我未曾逛过的大茶馆，也是缘起于前一阵子采访了在话剧《茶馆》里扮演常四爷的老艺术家郑榕先生。老先生说当年老舍先生完成了《茶馆》的创作之后，拿着剧本来到北京人民艺术剧院为演员们念剧本，老舍先生虽然身为作家，但是念起剧本来是声情并茂，把演员们都带进了情境。当大家听到茶馆里有提笼架鸟、养虫下棋的时候都兴奋不已，觉得这东西太好玩了，但是老舍先生却很严肃地跟大家说："你们不要觉得这个东西就是好玩，这都是文化！"这句话让郑榕先生时隔多年在接受采访的时候还依然记得。

旧京的茶馆其实不等同于如今的咖啡厅或者茶艺楼。在老北京的茶馆里"喝茶"好像倒在其次，那里是一个交流中心，有信息的交流和文化的交流。首先，老北京不像现在信息这么发达，恨不得刚发生的事情就已经通过微博直播了。那个时候也就是有那么几家报馆和私人电台广播，而且以当时从业者的责任心来说也不见得消息都是真的，所以大家更愿意来茶馆里互通有无，一来可以增进感情，二来还能串串闲话儿，要不说老北京“人情味”十足呢！其次就是文化的交流。清末的北京文化有很大一部分都是旗人文化。八旗子弟吃着铁杆的庄稼，而且朝廷又规定旗人不能经商，有钱有闲的旗人必然把精力都投进了玩里。这一玩还就玩出了文化，无论是花鸟鱼虫、飞鹰走狗都有讲究、有规矩。以当时那种社会背景，必然催生出了北京城茶馆遍地。

现在一说到早茶，大家都会觉得那是南方人的专利，其实不然，早年间的北京人是极其讲究喝早茶的。早晨起来，洗漱完毕之后先要喝茶，有的是在家里闷上一壶茶慢慢地品，有的则是去茶馆连喝茶带吃早点。早年间的大茶馆不光是各种茶叶齐全，而且代卖饭食，小点心有艾窝窝、蜜麻花、烧饼、喇嘛糕等等，主食有干炸丸子、烂肉面。

现如今，在地安门外大街路东有一个地名叫天汇大院，殊不知这个地方在清朝就是北京城里的一家大茶馆——天汇轩。据说当年在中轴线开设的茶馆，天汇轩是最大的一家，临街是五间门面房。过去的五间不是现在人认为的五间房，而是建筑当中四根柱子围拢，这为一间；进深有五道院子，每道院子都是高搭天棚。

天汇轩不光是地方大，陈设也讲究，一般的茶座是八仙桌子小方凳，擦得锃光瓦亮；高档的雅间就得是榆木的八仙桌子官帽椅了。

不光是陈设家具，就连用的茶具都是一水儿的盖碗。这种盖碗在古装电视剧里常见，底下是碗托儿，中间是茶杯，上头是杯盖，象征着天、地、人，所以老北京也管这种盖碗叫“三才杯”，代表天地人三才合一。其实老北京的讲究人喝茶都使盖碗，就连皇上家喝茶也是盖碗，一般人家用杯子，再穷点儿的用粗釉大碗，但甭管怎么着，绝没有现如今茶艺那一套，什么闻香杯、大茶海，这都是南方的玩意儿，不过是这几年才在附庸风雅的人群里流行开来的。

天汇轩不光是茶好，点心做得也精细，都不大，每块儿核桃大小，小碟里码上六块儿，在茶馆里一边喝着茶、一边吃着点心那是老北京人一天享受的开始。

老北京人好养鸟的很多，早晨起来要去遛鸟，遛完鸟回来顺便进到茶馆泡壶茶、吃个早点。把鸟往茶馆的横梁上一挂，茶客之间还得攀比谁的鸟哨的好，一只好鸟那是能给主人争脸的。也有本身不养鸟的茶客，但是就为了专门来茶馆听鸟哨。

再有，天汇轩地处地安门外大街，当时很多的达官显贵、衙门口都离这儿不远，所以这儿的顾客档次也不低。就说附近的帽儿胡同吧，9 号院可园，那是清朝光绪年间的大学士文煜的宅子；35 号、37 号那是末代皇帝溥仪的皇后婉容的娘家，俗称叫娘娘府；13 号院是北洋军阀冯国璋的宅子，45 号院是清代步军统领衙门。据说当年很多在衙门当差的官爷都是在天汇轩喝了茶吃了点心才去衙门上差。

天汇轩大茶馆可以说一天到晚就没有消停的时候。上午的客人聊美了回家吃饭了，下午来的客人可就更杂了，就像老舍先生的话剧《茶馆》写的一样，人贩子倒卖人口的，半仙算命的，壮劳力等活儿的，介绍买房子典地的……这么说吧！三教九流、各色人等您在这儿都能看见，所以还专门有人为了搞创作在大茶馆里体验生活呢！

庚子事变，天汇轩茶馆毁于一场大火，之后就再也没有复建。也许是茶馆这种场所已经不太合时宜了，清朝倒台，八旗子弟没了钱粮，哪儿还有闲钱泡茶馆啊！

可是最近几年传统文化复兴，老式茶馆又有所抬头，甭管是以旅游为主的老舍茶馆，还是很多北京人爱去的相声园子、评书场子连喝茶带看演出，总之茶馆这种文化又渐渐地被认可了。

现在有恢复中轴线文脉的提议，若能把中轴线上曾经辉煌一时，最大的茶馆天汇轩恢复，那岂不是一件好事。但是个人愚见，恢复，并不是恢复一座茶馆的建筑那么简单，而是要恢复当年茶馆里承载的北京文化，老北京的建筑为这座城的骨肉，而老北京的文化、地道的老北京人则是这座城的精气神，文化是靠人传承的，若仅存建筑那便失去了内涵。

品茗佳具

前几天闲来无事又起了逛故宫的瘾，在太和殿西侧的展室里意外地发现了一把皇家的紫砂壶，驻足观看了许久，想到天气逐渐热了，又到了喝茶消暑的好时节，于是回到家里便把自己的几把紫砂壶又好好地把玩了一番。

北京人喝茶其实不分四季，但是夏天天气炎热，茶喝得更多。小时候心里一直想不明白，既然天气那么热为什么还要喝热茶解暑，喝冰镇的冷饮岂不更痛快啊！后来结识了一位中医，一语中的地告诉我，喝热茶能使毛孔张开排出暑湿，是真正的解暑，而喝冷饮则使毛孔收缩，暑湿之气都被憋在了体内，当时感觉是凉快了，但是久而久之人会坐病的，看来中国祖先的智慧实在是让人钦佩。我一向以活得老性自居，所以刚刚二十多岁的我便成了同龄人眼中的异类，喜欢品茶多过冷饮。

说到喝茶，与之相配的器具中紫砂绝对堪称上品，而关于紫砂器具的来历可谓是众说纷纭，我只拣几则有趣的说说。

说到紫砂就不得不说大名鼎鼎的宜兴，在宜兴有两处景观，“慕蠡洞”和“西施洞”，这两处景观就和春秋时期的范蠡和西施有关了。范蠡是春秋时期越国的大夫，传说范蠡帮助越王勾践灭掉吴王之后，他知道功成身退的道理，而且他也知道越王勾践是一个只可共患难但不能同富贵的人，于是便带着西施一叶扁舟漂过太湖，来到丁蜀之地过起了隐居的生活，所谓丁蜀之地就是现如今的江苏宜兴地区。

范蠡来到这里就开始教当地人挖土烧窑。既然是隐居，自然不能暴露真实姓名，于是范蠡便自称“陶朱公”，后来陶朱公便被制陶业奉为了“造缸先师”。从此名也能大概看出，当时范蠡教当地百姓制作的应该不是紫砂壶这类精细的物件儿。不过范蠡也算为当地烧窑开创了先河，这也为日后紫砂壶的问世打下了基础，所以宜兴当地更是把范蠡当作“陶祖”供奉，直到 20 世纪 50 年代，宜兴当地每逢重阳节还要祭祀范蠡。不过据考古证明，丁蜀之地的制陶业开始于新石器时代而并非是春秋时期，但是范蠡的这段传说在当地却是家喻户晓。

还有一则关于紫砂的传说也很有意思，故事的主角也是人尽皆知的，他就是沈万三。咱们都知道沈万三是江南首富。传说明朝开国皇帝朱元璋定都南京，修建南京城的时候资金不够，他知道沈万三号称叫“活财神”，于是便命令沈万三掏钱修一半的南京城。沈万三修东南城，皇上自己修西北城，结果皇上的西北城还没修完呢，沈万三的东南城已经竣工了。

沈万三之所以这么有钱，据说是因为他有个聚宝盆，据传，他那个聚宝盆就是个紫砂壶，这是怎么回事呢？故事是这样的，话说有一天沈万三的府门前来了一个老乞丐，穿得破衣烂衫，但是气质非凡，有点仙风道骨的意思，更奇怪的是老头要饭的家伙事儿是一把没有盖儿的大紫砂壶。沈万三是一个壶迷，看到好壶就走不动道，看到老头这把紫砂壶之后，沈万三眼睛一亮，心里知道这是一把好壶，按现在话说，沈万三抱着捡漏的心态问这个老头：“老头，你这壶卖吗？”老头说：“不卖，这是我要饭的家伙，壶没了我也活不成了。”一看老头不卖这把壶，家丁过来就打算把老头轰走，可是没想到沈万三却把老头留在了府中居住，每天是好吃好喝地伺候着。

一晃好几年过去了，沈万三没少给这个老头花钱，但是半句怨言都没有，而且还时不常地把老头请到自己的书房里喝茶聊天，借此机会也把玩一下老头要饭用的那把大紫砂壶。俗话说日久见人心，老头看出了沈万三并不是一个暴发户，而是真正懂壶的人，于是老头在临死之前把这把大紫砂壶送给了沈万三，而且道出了实情：这把大紫砂壶并不是残品，它有一个壶盖，被老头藏在了山上的一座庙里。老头死后沈万三去庙里找到了壶盖，对这把紫砂壶是爱不释手。传说南京城的南门下埋着沈万三的聚宝盆，而那个聚宝盆就是这把大紫砂壶。

紫砂器具出现的时间很早，但是紫砂壶的出现则是明朝正德年间的时候了。说到紫砂壶就必须要说到紫砂大师供春了，他制作的紫砂壶被称为“供春壶”。供春也被称为龚春，他本是宜兴学宪吴颐山的家童，所谓学宪是古时候管理教育科举的官职，这个吴颐山也是一位文人雅士，和江南四大才子之一的唐伯虎是好友。吴颐山经常去金沙寺与出家人坐而论道，供春为了侍候主人也经常一同前往，在寺中供春常看到老僧用紫砂制作器具，供春十分感兴趣，于是私下和老僧学艺，供春刻苦用功，技艺突飞猛进，更有甚者说供春制壶的用料极其讲究，他把寺中老僧做完紫砂之后洗手的时候盆里沉淀的沙泥收集起来，这种泥细腻、纯净。供春做出的紫砂壶“器薄质坚”，他的这门手艺偶然间被主人吴颐山看到了，于是命他做几把壶请当时的文人名流鉴赏，没想到大家交口称赞。

供春壶有一个款式叫树瘿壶极其有名，所谓树瘿壶，就是壶身仿照树瘤子做成。这把壶后来辗转流落民间，1928 年时一位江南名士储南强在苏州的一个杂货摊上发现了这把壶，他也拿不准这把壶到底是不是真的，于是试探性地问摊主：“您这把壶多少钱？”摊主看看储南强，伸出了一个手指，储南强心想，这可不便宜，我身上带的钱也不够啊！后来摊主一张嘴，储南强悬着的心算是一下落了地，摊主伸出一个手指头说：“一块大洋。”于是储南强很痛快地花了一块大洋买下了这把壶，而后又去找大画家黄宾虹鉴定，经确认这把就是供春的树瘿壶。日本侵华时期，日本人看上了这把壶，要出八千块大洋买下，储南强毅然回绝，带着这把壶躲进了深山老林，直到新中国成立后把这把壶献给了国家。现在它就陈列在国家博物馆里。可是美中不足，这把壶的壶盖不知去向了，现在的壶盖是后人根据想象后配的，如今谁也说不清供春壶原来的壶盖是什么样子，所以我管这把壶叫“东方的维纳斯”，因为这也是一种残缺的美。

现在的市场供春壶也是经典款式，大师们纷纷模仿供春式，供春壶因为壶身模仿的是树瘤子，所以并不光滑，新壶只是外形极像，最有意思的是，用茶水养壶时间长了，茶渍渐渐地浸入壶身，那时候的颜色几乎都和真的树瘤子一模一样。

闲趣儿

闲趣儿

北京地名凑碗面

俗话说“一方水土养一方人”，中国地大物博、物产丰富，南边产米北方出面，所以大伙都认同了一条不成文的规矩——“南方人爱吃米、北方人爱吃面”。

要说到北京人吃面，可比不得山西人那么花样繁多，北京最出名的面食，就得算是炸酱面了。但是您记住喽，北京人凡事都讲究！哪怕就是一碗炸酱面，要吃得地道那也麻烦着呢！不信我就可着北京城给您凑出一碗炸酱面，您看是不是这么档子事！

都说巧妇难为无米之炊，要吃碗面咱得先有原料，就是白面。可巧了，北京城里还真就有一条“干面胡同”。这条胡同位于朝阳门南小街西边，东西走向，东起朝阳门南小街，西到东四南大街。要说干面胡同在北京城可是老资历的，自打明朝就有了，至于它为什么有这么个奇葩的名字，那还要从它东边的那条胡同说起。

干面胡同东边连着禄米仓胡同。现如今当官的都是按月领工资，古时候比现在还多一样，除了发钱还发粮食，统称为俸禄，而禄米仓胡同顾名思义就是古时候储存禄米的仓库。这个仓库始建于明朝嘉靖四十年（1561 年），是明清两代储存京官禄米的地方，明朝那位青天大老爷海瑞还曾经在这儿当过仓场监督。

古时候，每次往禄米仓运粮食，这干面胡同都是必经之路。但是那会儿可不像现在，都是密闭集装箱大卡车，那会儿都是牲口拉着排子车，而且明朝没有柏油马路，路上免不了颠簸遗撒，再加上每次经过这条胡同，车马行走、尘土飞扬，老百姓都戏称这是“下干面”了，于是口口相传，此处便得名“干面胡同”了。

也许您该说了，讲得这么热闹，这禄米仓那是给古代官员存粮的地方，咱老百姓也吃不上那儿的白面哪！没关系，下边我带您换一个地方，咱奔粮店，这地方总该是咱老百姓去的地方了吧！

要说粮店在我小时候还有呢！隔几条胡同就有一家儿，那会儿是计划经济时代，买粮食得拿粮票。粮店里给我印象最深的就是柜台前头有一排不锈钢的大漏斗，甭管是买米买面，顾客都是拿布口袋兜在漏斗下边，售货员撮粮食往漏斗里倒。估计我这一说能勾起不少人的回忆，但是粮店可不是那个时候的产物。

要说北京城什么时候有的粮店，追根溯源的话不太好说，但最起码清朝是肯定有了。咱们有地方为证，前门外大栅栏附近就有一条粮食店街，它北起大栅栏街，南到珠市口西大街。这条街在清朝的时候叫“粮食夹道”，后来改叫“粮食店”，这个名字一直用到新中国成立以后，直到 1965 年才加上了一个“街”字，改叫“粮食店街”。

这条街的得名就是因为曾经这里是粮食交易市场。要说粮食店街早先可不光是满街的粮店，这地界热闹着呢！

街里边从前有火德真君庙，想必那个时候这座火神庙应该是香火鼎盛。您想啊！那会儿的胡同都是房挨房、院连院，这粮食店街里一旦有一家粮仓失火了就得火烧连营，那所有商户可就都得赔到姥姥家去了，所以防火工作不能松懈，精神寄托也是要有的。

除了火神庙，这条街里在清朝道光年间还建了中和戏院。当初四大名旦里头有两位，程砚秋和尚小云都经常在这儿演出。

最有意思的是在这条胡同里还挖出了酱菜园子老字号六必居的出生证明。粮食店街中和戏院的北边以前就是老字号六必居酱菜园子，在北京有一个传说，说六必居这仨字是严嵩题写的。咱都知道这严嵩是明朝的一个大奸臣，照此说来六必居应该是明朝就有了，可是在 20 世纪 50 年代，邓拓查出了真相。邓拓如果您不熟没关系，我告诉您，他是我国新闻工作者的老前辈，《人民日报》我想没人不知道吧？！ 1949 年秋天，任人民日报社社长兼总编辑的就是邓拓。他不光是一位新闻工作者，对于历史邓拓也喜欢钻研，他曾找出了六必居的老账本、旧房契等一系列的资料，最后终于考证出六必居开设于清朝康熙年间，最初叫“源升号”,乾隆六年（1741 年）北京才出现了“六必居”的字号。

白面咱们找到了，要想和面离不开水啊！以前北京城水井可以说遍地都是，但是苦水井多甜水井少，传说是因为朱棣修建北京城惹恼了龙王，所以龙王爷把北京的甜水都带到了玉泉山，打这儿以后北京城就苦水井多了。

在古时候，皇上那是最会享受的人。他住在紫禁城，但是每天得喝玉泉山的甜水，北京内城九座城门，西直门就是以前给皇上家走水车的门，据说每天西直门第一个开城门，天还不亮水车就得往皇宫里送水，老百姓只能凑合喝苦水了，可是苦水和面做出的面条肯定不好吃啊！难道北京城里就没有甜水井吗？您记住，世事无绝对！

要找甜水，咱去的这个地方您肯定熟，王府井大街。这条街说来历史可长了，元朝修建元大都的时候这儿就是交通要道，距今七百多岁了。《析津志》记载，王府井“元名丁字街”，元朝灭亡，朱棣定都北京，在这儿修建了十座王府，因此改名“十王府街”。那后来怎么又改叫王府井了呢？皆因为这地方不光有王府，还有几口在北京城里不多见的甜水井。

这可不是瞎说，咱们有证据。就在北京饭店北侧，有一条东西走向的胡同，东起王府井大街，西到晨光街，这条胡同自打明朝就有了，叫作“甜水井”。清朝宣统年间改叫“大甜水井”，1949 年新中国成立之后才有了今天这个名字“大甜水井胡同”。据说它的得名就是因为胡同西口有一口井，水质甘甜，不过现在大甜水井只有地名难觅水井了。

但现在您要是去逛王府井会发现，那儿还有两口井非常显眼，一口是在新东安市场的马路西边，那口井安了井盖，盖子上还有王府井的简介，经常会有游客在这儿品读、留影，还有一口是在王府井小吃街里，那口井还搭配上了井台儿和辘轳。

找到了甜水，这面和出来指定是差不了了，可是炸酱面光有面条肯定不行啊！一碗面好不好吃主要看的是炸酱，要是在北京城里找酱那可是太容易了。雍和宫大街东边有酱房东夹道和酱房西夹道，它的得名就是因为以前胡同里有酱房。德胜门外有酱坊胡同，这地方就是清代的黄酱作坊。西四南大街附近有大酱坊胡同和小酱坊胡同，明朝的时候这儿叫酱黄胡同，因为当时胡同里有酱菜作坊。

您看！甭管您住东城还是西城，想买酱都太方便了。如今都讲究食品卫生，老北京做大酱的在这一点上还真是不太合格，那会儿大酱缸都是在院子里搁着，上头盖一个竹斗笠一样的盖子，晒大酱的时候免不了招苍蝇下蛆，所以酱缸里基本都会有蛆。

面下锅了、酱炸好了，要是就这么吃是不是有点干呢？您不得来点醋、吃瓣蒜吗？下边我接着带您在北京城里找这两样东西。

先说这个醋，在北京南城法源寺附近，东起烂缦胡同，西至教子胡同，东西走向有条胡同就叫“醋章胡同”，要说这条胡同的得名就要引出一段老北京的商战了。据清朝的《光绪顺天府志》记载，“醋章胡同”原本叫“醋张胡同”。这条胡同里有两家生产醋的作坊，一家姓张，另一家姓曹，两家生意原本都挺好，但俗话说得好，一山难容二虎，商场里只有永远的利益没有永远的朋友，于是这两家开始展开商业竞争，最终张家战胜了曹家，从此张家在这一片儿形成了垄断，人们便称这条胡同为“醋章胡同”并沿用至今。至于为什么是这个“章”,因为在姓里本身就有“张”和“章”，再加上古时候识文断字的老百姓不多，口口相传难免出现误差，这倒也好理解。

现如今醋章胡同肯定是没有醋作坊了，但是我小时候住在附近，记得离醋章胡同不远，就在南边的万寿西宫东门附近还有一个醋厂呢。每回从那儿过酸味刺鼻，厂子门口还老堆着冒着热气的醋糟,大人们都说这东西解酒,谁要是喝醉了就把他扔在醋糟上,一会儿准醒，我也不知是真是假。

要说醋可是物美价廉的好东西，不光提味儿、消食还能软化血管，所以吃醋不光是老百姓喜欢，过去的皇上也离不了。在景山附近，有一条东板桥东巷，这地方过去在皇城里面，明朝的时候叫“酒醋面局”，专门是给皇上家供应酒醋的地方，清朝时改叫“酒醋局”，直到 1965 年整顿地名才改成了东板桥东巷，以至于很多人都不知道它以前的作用了。

同样让人遗忘了作用的地方还有鼓楼附近的国旺胡同，这个名字也是 1965 年整顿地名的时候才有的,明朝的时候这儿叫“酒醋局胡同”，是明朝内府二十四衙门之一，全称叫酒醋面局，由一名掌印大太监统领。之所以叫酒醋面局，是因为这儿除了酒和醋以外，还要负责皇家面、豆、糖这些东西的供应和采购，可以说这就是当时皇宫的后勤供给部门了。

据说清末大太监李连英有一处私宅也在酒醋局胡同里，就是今天国旺胡同的 22 号院，李连英娶媳妇就是在这儿办的喜事，而且据说慈禧还来过这条胡同。话说慈禧之所以宠爱李连英，其中有一条是李连英办事张弛有度。俗话说失去了才知珍贵，李连英就深谙此中之道，他为了让慈禧知道他的重要性，有一次装病请假回到酒醋局胡同的私宅里花天酒地。李连英在慈禧身边的时候倒是没显出什么，可是突然一下慈禧没有李连英伺候着还真是挺难受，没过几天，慈禧终于绷不住了，亲自来到了酒醋局胡同李连英的私宅，一看李连英压根儿就没病，慈禧也没计较，只是感叹他这私宅装修得快赶上宫里了，李连英也会找辙，赶紧说这是为了给父母养老用的，结果弄得慈禧还夸他有孝心，于是李连英高高兴兴地和慈禧回宫了。故事的真假暂且不论，但是里面透露的两个信息却是千真万确的：第一，慈禧离不了李连英；第二，李连英的私宅遍京城。

其实说到醋，老北京人不这么说，因为吃醋在北京话里不是好词，有嫉妒、眼红、争宠等多层意思。这个典故出自唐朝，唐太宗为了笼络人心，要给当朝宰相房玄龄纳妾，可是房玄龄本身有媳妇，而且他还是个“妻管严”，房夫人出于嫉妒，横加干涉，就是不让。唐太宗身为皇帝兼媒人脸上挂不住了，于是下令赐房夫人一壶毒酒，要么就喝毒酒，要么就准许房玄龄纳妾。没想到房夫人性子果然够烈，根本没琢磨，直接拿起毒酒一饮而尽。喝完了觉得酸吧唧儿的，而且没死，这才知道皇上赐的压根儿不是毒酒，就是一壶醋，打这起才有了吃醋这么一说。所以因为避讳“争风吃醋”的意思，北京人管醋也叫“忌讳”。

醋有了咱还得有蒜呢！北京话说“吃面不吃蒜，等于吃碗饭”，没蒜不够味儿啊！说到蒜，咱北京以前有专门的蒜市，而且那儿还出过一位大才子。

如今的广渠门内大街是一条宽阔的街道，但是在 1965 年之前，北京压根儿就没有这条街道，它是由蒜市口、榄杆市、大石桥合并而成的。蒜市口最早出现于明朝正德年间，距今五百多年了，就是因为当时这儿卖蒜的摊位众多而得名。在清末的时候，出于消防安全考虑，北京城搭起了五座望火楼，其中蒜市口就有一座 20 多米高的望火楼，成了当时蒜市口的地标性建筑，当时的望火楼上都会有警钟，一旦发现火情就鸣钟示警。

而蒜市口出的这位大才子正是《红楼梦》的作者曹雪芹，据清朝雍正七年（1729 年）的档案记载，蒜市口曾经有曹家的十七间半房，有关专家反复研究之后确定是蒜市口 16 号，现在是广渠门内大街 207 号，这座宅子在 2000 年因为扩建马路被拆掉了。

这顿饭有了面条有了酱有了醋、蒜，似乎已经齐活了，实则不然。肉丁炸酱固然美味，但是营养不够均衡啊！老北京人吃炸酱面还有顶要紧的东西就是菜码儿，讲究的人家要配青豆嘴儿、黄豆嘴儿、豆芽儿、白菜丝、卞萝卜丝、芹菜丁、黄瓜丝、香椿末等等吧！这么多种类咱去一个地儿给它置办齐喽！

出了宣武门有个地名叫菜市口，如今是菜市口大街，这儿是在明朝中后期形成的一个蔬菜交易市场，相当于现在的新发地。据记载当时菜市主要集中在菜市口西段，菜店多达三十多家，但是您要是跟一位老北京人说“咱一块奔菜市口啊！”，这话可是透着那么点儿不吉利，因为到了清朝菜市口增加了一项瘆人的功能——刑场。

咱都知道菜市口有一家药铺赫赫有名，就是开办于明永乐三年（1405 年）的鹤年堂，不过现如今的鹤年堂已经是几易店址了，当年鹤年堂的铺面正好面对菜市口刑场，监斩官的棚子就搭在药铺门口。要说鹤年堂当年还有一宝，是一个桌子那么大的铁算盘，每当行刑的时候，鹤年堂的伙计们都得从店铺里抬出这个大铁算盘，几个人站在门口使劲地摇晃，为什么啊？您想啊！人都要死了，那叫唤出的声能好听吗？摇这铁算盘就是为了把犯人的鬼哭狼嚎给压下去。还有迷信点儿的说法，是说怕冤鬼找上门来！老北京就有这么一个传说，被砍头的冤鬼半夜三更找上门，管伙计要刀伤药的，所以打这儿起老北京留下了一句咒人的话“鹤年堂讨刀伤药——死到临头”。

菜市口这地儿在清朝确实是不吉利！其实不光是这儿，由打这儿一路往南，整个是丧葬一条龙。菜市口是砍人的刑场，从菜市口往南如今有一个古色古香的大院子，这儿是中山会馆，它的西门以前就是官菜园上街 4 号。

您要问我为什么知道得这么清楚，因为我从小就住在这院儿里，这条胡同明代就已经有了，因为胡同里有一家有名的棺材铺，掌柜的姓尚，所以最初叫“棺材尚家街”，后来因为名字不雅才改成了官菜园上街，到这儿棺材已经有了。

由打官菜园上街再往南现如今是健宫医院，以前在医院马路对面儿是儒福里观音院，还有一座过街楼，也是全北京最后拆除的过街楼，要说起这座寺院主要承接的业务就是超度和停灵，您要问我为什么知道得这么清楚，因为这座观音院后来改成了自新路小学，我就是那儿毕业的。

从观音院再往南就是陶然亭路，那地方明清时期都是坟地，大概在 1996 年左右整修道路挖出了大量的棺材，您要问我为什么知道得这么清楚，因为那时候我上初中，此地是必经之路，我是亲眼得见。您说这一路南下是不是丧葬一条龙。

但是咱把话说回来，咱主要讲的还是菜市口，也许砍头的刑场对百姓来说更加刺激，所以人们反而渐渐忽略了菜市口的本职工作——菜市。

至此咱们这碗面连菜码都给您凑齐了，不知各位觉得味道如何?

探寻窑台

窑台，现如今说起这个名字估计知道的人应该不在少数，这实在是因为陶然亭的“窑台涮肉”在北京城里也算是有一号了。要说起窑台涮肉起家也不过是这几年的光景，但是眼下分店也有好几家了。尾号限行的日子坐公交回家，40 路大公共汽车经过陶然亭北门那条街的时候，我看到昔日的窑台涮肉，如今的招牌上已经赫然写的是北京窑台餐饮公司了,这家餐饮公司借用的“窑台”二字，其实历史颇为久远。

一进入陶然亭公园的北门，眼前便是一座土山包。因为我小时候就是在这儿玩大的,所以记不清有多少次逃票混进陶然亭了,但是眼前的这一座土山却从来没有好好看过它，因为土山脚下就是儿童游乐场，注意力早已被它吸引走了。我想生长在宣武区的孩子们，还没有谁没玩过大雪山呢！等到长大成人之后，再来到陶然亭，才开始注意眼前这座土山，这便是——窑台。

窑台是一座土山，高有三丈多，东西横亘一百多米，现如今进入陶然亭公园北门就能看到半山腰有一座亭子，亭檐下有一块

匾额，写着“窑台”二字。绕过亭子走到山顶，是一座小小的庭院坐北朝南，院中有一块石头颇似古人造景所用的假山石，但它绝非是造景之用，而是窑台历史的见证——窑炼。院中有一块铜牌是这样注解的：“窑炼指烧窑时未炼成的砖块。此窑炼是 1952 年公园建园初始发现的，经首都博物馆赵其昌鉴定为唐代窑炼。进一步证明窑台作为窑址的历史，较之元代在此设窑厂要早得多，可追溯到唐代。”

到了明代的时候，明成祖朱棣迁都北京，为修建城池宫殿在北京设五大厂，分别是方砖厂、亮瓦厂、细瓦厂、琉璃厂、黑窑厂。《明史·食货志》记载“琉璃、黑窑厂，皆造砖瓦，以供营缮”。黑窑厂当年烧制的砖瓦其实并不都是黑色，那为什么叫黑窑厂呢？《日下旧闻考》中解释道“黑窑厂为明代制造砖瓦之地。曰黑窑，别于琉璃、亮瓦二窑也”，也就是说“黑窑厂”这个名字是为了区别于其他窑厂。

现如今出陶然亭公园北门，马路对过儿就是黑窑厂小区，可见当年这一大片区域都是黑窑厂，而窑台只不过是黑窑厂的一部分。明朝末期在窑台之上建起了窑神庙，专门供奉窑神昆吾公，昆吾公据说是中国陶器制造业的发明者，所以后世之人都把他供奉为窑神。

黑窑厂烧窑的历史一直持续到清朝，康熙年间随着其他窑厂被裁撤，黑窑厂也渐渐完成了自己烧窑的使命，但是窑台却没有闲置下来，而是成了南城登高远眺的一处好地方。黑窑厂被废之后，窑神自然就不用再去供奉了，于是在窑台之上建起了一座真武殿，而在窑台下面又有铁马关帝庙等庙宇，再加上窑台附近有宋仁宗年间的三圣庵，明正德年间的清慈庵，元代修建的慈悲庵，此处庙宇众多，自然成了文人雅士登高赏景、吟诗作赋的好地方。

窑台一年之中从春到秋都很热闹，春夏时节人们来这里登高纳凉，《燕京岁时记》中写道：“时至五月，则搭凉棚，设菜肆，为游人登眺之所。”秋天的时候，因为陶然亭在清朝时期颇有几分野趣，依山傍水，芦苇丛生，尤其到了重阳节，芦花随风摇曳，好似白雪一般，又正合了文人的心境，在清朝戴璐所著的《藤阴杂记》当中有这样的描述“黑窑厂登高诗充栋”,可见当时的情景。

因为宣南的会馆众多，所以很多进京赶考的举人在考试过后也经常来窑台宴饮聚会，雍正年间浙江省的举人甚至把窑台当成了固定的聚会之地。文人来得多了，自然会觉得烧窑的窑台不够文雅,于是窑台一度被写成了“瑶台”。游人多自然有消费的需求，乾隆时期窑台上建起了茶馆，供过往的游人品茶小憩。

民国时期，窑台又出现了特别的一景儿，很多清朝的遗老来到窑台行“禊礼”，所谓禊礼，字典中解释为“古代春秋两季在水边举行的清除不祥的祭祀”，禊礼其实并没有什么特别之处，而是这些清朝遗老的装束非常特别，夏孙桐在《乙丑江亭修禊》诗中写道:“北眄黑窑台，中峙岧峣。贵人乞丐装，高踞啜新醪。”夏孙桐又自己注解:“清季，有宗室贵爵，数人相与，敝衣垢面，日聚黑窑台上，谓之乞丐装，临散，乃盥沐冠带，鲜衣怒马而去，时人怪愕，以为亡国之徵。”也就是说这些清朝的遗老去窑台的时候都是蓬头垢面、破衣烂衫形同乞丐一般，回家的时候又梳洗打扮一番，衣着鲜亮地骑马回府，路人看到都很惊愕，以为是国之将亡的迹象。溥仪 1912 年退位，这一年中华民国建立，而夏孙桐的《乙丑江亭修禊》则是作于 1925 年，可以看出对于清朝灭亡，这些前朝的遗老心有不甘。

民国时期除了偶有清朝的遗老来窑台聚集，这里的常客还有就是梨园子弟了，因为当时的梨园界人士大多住在南城，窑台便成了他们每天吊嗓子练功的好地方，京剧界著名的戏班富连成的学员就经常来窑台练功，每天清晨窑台上咿咿呀呀之声不绝于耳，狂热追随的票友也会跟来一睹伶人幕后下的苦功。

新中国成立之后的 1952 年陶然亭公园建立，窑台被划在了公园的范围里，但似乎它与京剧的缘分并没有完，每日清晨还是会有票友聚在窑台上过过戏瘾。1990 年 9 月 4 日，著名的戏剧表演艺术家张君秋先生来到陶然亭窑台茶馆与票友交谈。

如今窑台因为紧邻公园里的游乐场，似乎被抢去了风头，我去的时候发现登临者甚少，山下游艺机的音乐声此起彼伏，山上却是冷冷清清。我写的这篇文章甚是粗陋，只是简括了窑台的历史，读者不妨在看过陋文之后亲临窑台，再去细细地品评一番。

说到地坛，北京人都不陌生，每年过春节北京城交通最畅通的那几天，地坛周围也免不了大堵车，大家奔这儿来都是为了每年一届的地坛庙会。要说北京的庙会最近几年也算是花样翻新，石景山的洋庙会，朝阳公园略带时尚味的庙会，但是总也拼不过北京城的两大传统庙会，南有 1984 年始办的龙潭湖庙会，北有 1985 年始办的地坛庙会。

其实要我说，这两大庙会每年也都差不多。就拿地坛庙会来说吧，每年都会在西门立一个生肖卡通像，说真的，如果不看这个生肖像，我真分不出这是哪一年的庙会。

但是年年雷同无所谓，老百姓依然会趋之若鹜，大家不图新鲜，也许出了庙会的门也会大呼没劲，但是年根儿底下不去逛一趟庙会就会觉得跟没过年一样，正如老舍先生在《赵子曰》里写到的："所谓逛者就是挤，挤得出了一身汗，逛之目的达矣。"

作为庙会界的老字号，地坛也在思变，最近几年就依托自己本有的文化底蕴在春节期间恢复了祭地表演，若问我什么感觉，

地壇

说出来也许有些得罪人，真是不敢恭维。

首先祭地本是中国作为农耕大国最直接的体现，它体现的是一个民族对于大地的敬重，封建社会贵为天子、凌驾于万人之上的帝王，也会在特定的时节谦卑得像个臣子去地坛祭地、去先农坛亲耕，而如今把它演化为表演是否有些儿戏呢？记得有一年为了博取眼球，地坛搞了一次草根儿皇帝的海选，胜出者可以在祭地表演中饰演皇帝，我依稀记得是一个公司的总经理胜出了，这次活动更让我觉得中国传统的祭祀岂可如此儿戏。

其次祭祀的时间有待商榷，据鄙人浅学，祭地似乎是在每年夏至日举行，春节庙会期间举行祭地表演，会不会对本就渐渐淡忘民俗的国人以更大的误导呢？

有人会说，历史也是需要大家了解的嘛！此话不错，但可以换一种方式，根据史料认认真真地排练一次祭地大典，夏至日如期举行，留存影像资料以传后世岂不更好。

虽然地坛庙会上的祭地表演我实在是不感兴趣，但每年地坛的春秋季书市，我倒觉得实在是功德一件，爱书之人成捆地买书以解对知识的渴望，表面上看他们是在买书，实则这是文脉的一种传承，不过办了二十多年的地坛书市在2013年也停办了，这是不是预示着当下社会越来越浮躁了呢？书本无人问津，网络开始兴盛，前几年博客盛行，大家还能看看博客里的长篇大论，这几年博客已然不再吃香，微博的势头盖过了博客，140个字似乎反映了人们的浮躁。对了！还有地坛相亲会，大龄未婚一族的父母们在这里翘首企盼的身影，以上这些都成了地坛的个性名片。

现如今咱们去地坛估计有相当一部分人是从雍和宫桥下往北就到了地坛南门了，但是您琢磨琢磨当年皇上祭地走的是什么路线呢？告诉您，绝不是这条路线！因为老北京在雍和宫桥的位置是北京的城墙，皇帝祭地都是出安定门往北进地坛西门，那才是地坛的正门，您现如今去地坛西门还能看见一座精美的牌楼，这也是进入地坛的第一座建筑物。明清两代皇帝到地坛祭地都是先经过牌楼，再进坛门。不过现在那座牌楼是1990年为了迎接亚运会，按照乾隆年间的样式重建的。

地坛既然是皇家祭坛，咱们都知道皇家的专用纹饰就是龙纹了，按说这座牌楼如果布满龙纹也不稀奇，可偏偏这座皇家祭坛的牌楼上全是凤纹，莫非是哪位皇上妻管严吗？实则不然，中国的建筑无处不体现着阴阳与风水学，天为阳地为阴、乾为阳坤为阴、龙为阳凤为阴，所以有“天龙地凤”之说，所以这座牌楼绘的是丹凤图和牡丹图。

当年的皇帝进入地坛西门后一路往北，如今在地坛的北面还存留有一组建筑叫“神马殿”，几年前神马这个词在网络上曾经爆红，甚至在春晚上都加在了小品的包袱里，但殊不知明代北京早已有了神马一词，可是此神马非彼神马，皇帝一路从紫禁城来地坛祭地，进入地坛后皇帝的御马不能进入内坛，神马殿就是存放喂养皇家御马的场所。

地坛的主要祭祀场所就是内坛的方泽坛了，古人的宇宙观认为天圆地方，故而天坛的圜丘坛是圆形，祭地的方泽坛便是方形。方泽二字在《周礼》中有所记载“夏至日祭地祇于泽中方丘”，方乃形状，泽乃聚水之地。但是如今游览方泽坛似乎未见有水，那您要仔细观察，在方泽坛四周有水渠环绕，为防游人坠落如今已经用铁丝网盖上了。方泽坛西南外侧有石雕的龙头，当年皇帝祭地时方泽是要注水的，水深可以到石雕的龙头，这样就形成了《周礼》中说的“泽中方丘”。

其实方泽坛的建筑讲究还有很多，例如它的形制和尺寸，方泽坛的平面是正方形，共有两层。据《明会典》当中记载，方泽坛上层方六丈，下层方十丈六尺，均高六尺。当然这里说的是周尺，一周尺合现在的 22.5 厘米，换算成现在的尺寸上层边长 20.35 米、高 1.28 米，下层边长 35 米、高 1.25 米。不知您注意到没有，这所有的尺寸都是双数的，前文说过古人把万物分为阴阳，天属阳地属阴，单数为阳双数为阴，这也就不难理解为什么方泽坛的建制多用双数了。

不过如今能有这等闲心品读中华建筑之精髓的人不能说没

有，但恐也不多，倒是每年庙会，只要花钱买三支劣质香，谁都可以上方泽坛拜一拜，还有庙会期间在方泽坛上的卡拉 OK，记得很多年前就已经十元一首歌了，这个让明清两代帝王收起霸气，让民间百姓觉得神秘莫测的地方，料古人万万想不到如今已成大众娱乐的场所。

封建社会的地坛是肃穆的皇家祭坛，现在一说地坛准得加上公园俩字，那地坛又是什么时候从“皇家祭坛”变成“卖票公园”的呢？

说起此事都要“归功于”一位皇帝，他就是中国的末代皇帝溥仪。1923 年的 9 月，日本关东发生了大地震，日本人以关东大地震为由胁迫溥仪，必须筹集大量的资金来救助日本政府，无奈之下，这位末代皇帝只好把地坛钦点为对外售票的观光场所，也就是从那个时候开始，这座古老而威严的地坛，才向寻常百姓揭开了它神秘的面纱。

老北京一直有五坛八庙的说法，“天地日月”和北海的先蚕坛这是五坛，当然还有一种说法是“天地日月”和社稷坛这为五坛。明成祖朱棣篡夺皇位后定都北京，他仿照南京的建制在永乐十八年（1420 年）修建了天坛。您要是看天坛的地图不难发现，天坛的北墙是半圆的，南墙是方的，这代表的就是天圆地方，也就是说朱棣那会儿祭天和祭祀五谷都在天坛，实行天地合祭；地坛是嘉靖九年（1530年）修建的，从时间上看，地坛比天坛晚了一百一十年，所以说朱棣活着的时候北京城压根就没有地坛，那北京城为什么又会冒出个地坛呢？

咱北京能有地坛还得归功于明朝一位死轴的皇帝。话说明武宗皇帝朱厚照一辈子荒淫无度，北京的豹房可谓赫赫有名，有人说那是朱厚照养豹子这些猛兽用的，也有人说那是武宗皇帝金屋藏娇、养美女的地方，但不管怎么说，反正不是干正事儿的地方。31岁时武宗皇帝便撒手人寰了，可怜武宗临死也没个一儿半女。

没有皇嗣在帝王家可是大忌，江山不能落到旁人之手，就算是对付也得找个老朱家的人继承皇位，于是这份幸运落到了年仅14岁的嘉靖头上。嘉靖一路小跑赶忙进京，登基成了皇上。不过这里头有个问题不知各位看出来没有，死去的武宗皇帝叫朱厚照，登基的嘉靖皇帝叫朱厚熜，都是“厚”字辈的，也就是说嘉靖是武宗皇帝的堂弟，不是子承父业，而是兄终弟及，这就成了日后的一大隐患。

果不其然，嘉靖的皇位刚坐稳就想给自己的亲爹“兴献王”讨个名分——当兴献帝，但俗话说“甘蔗没有两头甜的”，要么您别当皇上，要么您别认亲爹，二者必选其一，可是嘉靖就非得“又吃鱼又啃熊掌”，于是“大礼议”事件爆发了。

据记载当时在紫禁城左顺门，也就是现在的协和门前，二百多位大臣下跪抗议，最终嘉靖皇帝也没露面，而是派人把 130 位大臣拖出午门廷杖，当时就打死了 17 位，这就叫“胳膊拧不过大腿”，得了便宜的嘉靖并没有就此罢休，“我不但要改祖宗的章程，我还要改祖宗的建制”。

嘉靖九年二月，嘉靖皇帝以天地合祀不合古制为由，集合群臣 596 人商量修地坛的事，最后是 108 票赞同，290 票反对，198 票弃权。其实嘉靖皇帝无非就是走个过场，别看反对的呼声高，可地坛还是照建不误，不光建地坛，日坛、月坛捎带手都建了吧！这便是历史上有名的“更定祀典”，也就是打这儿起北京才有了地坛！

潭柘寺内怪事多

2008 年 3 月 21 日，北京潭柘寺山门外一家饭店的监控探头，竟然拍到了神奇的一幕，一个白色的光球慢慢落下，逐渐向南飘移，整个过程持续了八分钟，因为当天是农历 2 月 14 日，第二天就是农历 2 月 15，也就是佛祖释迦牟尼的涅槃纪念日，所以很多人便认定，这是佛祖显灵了！

除了佛祖显灵说，当时还有很多人猜测这是不明飞行物——UFO，更有甚者认为这可能是灵异现象，一时间，千年古刹潭柘寺成为了舆论关注的焦点，各路媒体争相报道，以至于潭柘寺一度关门谢客。

那这个忽上忽下的白色光球到底是什么呢？经过仔细研究，真相浮出了水面，这就是一个蜘蛛，悬在监视器镜头前头了，因为离得太近，所以拍出来是虚的，成了一个光球。只不过这日子赶巧了，正在佛祖涅槃纪念日的前一天，这事又发生在千年古庙门口，这才引发了众人的猜测，不过话说回来了，虽然灵异事件子虚乌有，但是潭柘寺确实有非常多的怪事。

老北京有句话，叫先有潭柘寺，后有幽州城，论资排辈，北京城得叫潭柘寺一声老大哥，不过老大哥也有烦心事，经常被外地游客叫成了潭拓寺，其实即使是老北京也不见得都知道潭柘寺为什么叫潭柘寺。

版本一　神话说

潭柘寺最初叫嘉福寺，直到唐朝武则天时期，一位华严法师，为了传法布道，看中了嘉福寺一带，在幽州都督张仁愿的帮助下准备扩建寺庙。可是这地儿本身有地主，一位姓姜，一位姓刘。这地主的性格咱都知道，用北京话说，那叫大衣柜没把儿——抠门啊！这俩人就找辙说地皮紧张，其实是不舍得给。于是华严法师便拿出了一块打坐用的毯子，说："不敢多要，只求这一毯之地就可以了。"两位地主一看，放心了，心想一块毯子能有多大地方啊，不如送个人情，索性就答应了。谁承想，这华严法师把毯子往天上一扔，毯子越变越大，眼看盖住了好几座山头，吓得俩地主赶紧央求："大法师您可收了神通吧！"毯子一落地，遮住的地方就归了华严和尚了，寺庙建成之后大伙都管这儿叫"毯遮寺"，后来因为当地人有口音，就念成了"潭柘寺"。

版本二　风景说

相比起“神话说”，这“风景说”简单到一句话就能概括了，沿着潭柘寺向山上走，有一口龙潭，而在寺庙门口又有很多柘树，后有潭水，前有柘树，于是就叫潭柘寺了。

但甭管这名字到底是怎么来的，总之都是个谈资，不像接下来这个传说，差点要了潭柘寺的命。

咱说了潭柘寺是因为有龙潭和柘树而得名的，这柘树，如果不仔细查查资料，一般人真不知道它居然有药用价值，根茎叶都可入药，有舒筋活血之效。可是后来有人讹传，说潭柘寺的柘树皮能治疗妇女的不孕不育症，这下可要命了。

也不知道这周围村儿里怎么就那么多不能生养的媳妇，天天来这潭柘寺门口，你撕块树皮，我撕块树皮，活生生地把柘树皮都给扒干净了。都说“人有脸、树有皮”,没了皮这树就没法活了，结果是人的不孕不育没治好，潭柘寺的柘树还差点绝了种。原来满山遍野的柘树，如今只剩下了几棵了。这柘树其实是非常罕见的树种，据说它榨出来的汁呈赤黄色，染在布上不褪色，所以自古柘树汁就是给皇帝染龙袍的染料，北京话叫“柘黄”，咱们再去潭柘寺游玩，千万对这些柘树手下留情。

潭柘寺有一所跨院可以说是潭柘寺里景色最漂亮的地方了，但是在这里的主殿有一个香炉是绝对不能上香的，都给封起来了，这都是大殿里的那尊塑像惹的祸！那这殿里到底供奉的是谁呢?就是清朝的乾隆皇上!

话说乾隆皇上最喜欢到潭柘寺上香拜佛，时间一长了，寺里的和尚就特意腾出了一间屋子作为他的行宫。这启发了跟班的太监，他们为了更加讨好主子，索性在大殿里塑了一尊乾隆的塑像，供了起来。但是寺里的和尚不乐意了，您身份再高贵，毕竟是肉身凡胎，他不是神啊，跟佛祖菩萨差着辈分呢！所以寺里的和尚为了防止香客拜错了神、坏了规矩，就把这香炉给封上了!

乾隆皇上虽然不能拜，但是在他的大殿面前，却有两样宝物，一样就是门口的两片竹林，不过这竹林里的竹子可着实很怪异，可以说长得不走寻常路，其实这是两种珍贵的竹子，一种竹竿焦黄，但是每节竹竿上都有一条绿色，这叫“金镶玉”，另一种是竹竿翠绿，但是每节竹竿上有一条焦黄，这叫“玉镶金”。据说这是当年康熙爷赐给潭柘寺的珍贵物种，轮到乾隆皇上再来潭柘寺的时候，这一大片竹林已经成为了遮阴蔽日的好风景，真所谓是前人种树后人乘凉。

竹林下边就是潭柘寺的流杯亭，这可以说也是寺里的一宝，因为北京现存的流杯亭只有 5 座了，分别在故宫的乾隆花园、中南海、妙高峰的醇王坟、什刹海的恭王府，还有就是潭柘寺了。

要说到流杯亭，中国文人最喜欢，大伙聚在一起，往这水渠里放一杯酒，顺流而下，停在谁的面前谁就得赋诗一首，要不就得干了这杯酒。当年王羲之就是在这种情况下，喝大了，然后写下了著名的兰亭序，但是喝多了难免有笔误，所以就直接拿毛笔在纸上涂改。等到老先生睡醒一觉再一看，好几个墨疙瘩，太难看了，于是提笔重写了一张，可是怎么也没有那个神韵了，所以您现在看到的兰亭序，都是当年的“酒后版”。

咄咄怪事　庙里的和尚数不清

老北京有句话叫“潭柘寺里的和尚数不清”，这话我实在不敢苟同，潭柘寺占地面积只有 2.5 公顷，不到故宫的三十分之一，能有多少和尚呢？据说这事也难倒了乾隆爷，当年他特意调查过此事。那怎么调查呢？

乾隆爷派人背了两大筐铜钱，来一个和尚发一枚铜钱，发了多少铜钱就有多少和尚，您听听，到底是九五之尊，聪明啊！可惜谁承想，这铜钱越发越少，和尚越来越多，到最后天都黑了，钱都发没了，愣是还有排队的，乾隆爷亲自上阵的慈善活动不得不被迫叫停了，那您说到底从哪儿来的那么多和尚呢？

其实潭柘寺和尚之所以数不清，全是因为这儿是十方丛林，说白了就是对全国和尚免费开放的寺庙，只要有地儿，就能来这儿白吃白住，流动人口太多，自然数不清啊！这一点从潭柘寺吃饭的大锅也可见一斑！

乾隆一句话　和尚也吃荤

潭柘寺天王殿的边上就是铜锅院，很多人一进来都被一口大铜锅吸引了，但很少有人注意到边上还供着两条蛇呢！这铜锅院以前就是潭柘寺的厨房，那您说这和尚的厨房供着两条蛇算是哪出儿啊？皆因为有一次乾隆来到潭柘寺，寺里边有两条成了精的青蛇听说了这事，也打算去见见皇上，于是出溜出溜地就爬到了乾隆的行宫里，因为成了精了，所以它俩会说人话。您想啊，两条碗口粗的大青蛇，趴在地上吐着芯子，口呼万岁，皇上没吓尿了就算是万幸，乾隆惊恐之下说了一句："这条蠢虫，供众之物。"

要说皇上就是皇上，都这样了还说文言呢！这话什么意思啊？翻译成白话就是"你们俩蠢货，就该供大伙吃"，这俩青蛇一听，这是圣旨啊！垂头丧气地就奔了厨房，钻进了粥锅，和尚们也没发现，就觉得这顿粥太好喝了，直到粥都盛完了，才发现锅底有两条蛇的骨架，他们这才恍然大悟，敢情这顿是蛇肉粥，为了纪念这两条青蛇，这才在厨房里给二位塑了像。

怪模怪样　神兽也被锁链绑

潭柘寺自古就多受皇家恩遇，这不，就在大雄宝殿的屋脊上方，趴着两位神兽，特别之处在于，这二位身上，一人绑着一条鎏金的大链子，但既然是神兽，为什么还要绑上锁链呢？

想了解原因，咱得先知道这二位叫什么名字，民间俗称吻兽，学名叫鸱吻，传说是龙的九子之一，最大的爱好就是吞，而且龙的儿子必定会呼风唤雨啊，所以在中国古代建筑中也有避火的寓意，因为这二位的形象都是张着大嘴在屋脊两端，所以也管这二位叫"吞脊兽"。而潭柘寺这两尊鸱吻之所以多了根锁链，全是自己折腾的下场。

话说潭柘寺的建成多亏了山上龙潭里的龙王舍出了自家的宅

基地，而且龙王还挺热心，又命自己的两个儿子留下来保护寺院，这就是那俩大鸱吻，有一次康熙来潭柘寺游玩，突然阴云密布，电闪雷鸣，他往大雄宝殿上一看，看见这哥儿俩正在那儿呼风唤雨、吞云吐雾呢！为了不让这两个神兽飞走，康熙命人用锁链子将他们锁住，这才消停了下来。其实这只不过是一个传说，锁住他们的真正原因其实是为了避雷。

而很多来过潭柘寺的游客，都觉得这两个鸱吻特别地大，那还真算您有眼力。太和殿您知道吧，那是皇上家地位最高的大殿，那上头的鸱吻是 3.3 米，而潭柘寺大雄宝殿上的鸱吻比太和殿的只矮了不到半米，它的身高是 2.9 米，但是因为太和殿建筑高，潭柘寺大雄宝殿建筑矮，所以这俩鸱吻离您近，看着就显得特别大。

离奇古怪　皇帝的女儿也愁嫁

有道是“皇上的女儿不愁嫁”，甭管皇上的闺女长得多寒碜，只要是公主看上谁了，皇上一道圣旨招纳驸马，有哪个不要命的敢拒绝啊？！要说皇上的女儿也愁嫁，除非有一种情况，公主本身不想结婚。历史上有这么一位公主就一门心思地要来潭柘寺出家，这是怎么回事呢？

这位出家的公主，正是元世祖忽必烈的女儿，妙严。妙严打小就是个假小子，喜欢舞刀弄枪，所以后来被老爸培养成了一名骁勇善战的女将军，常年跟着忽必烈南征北战。但毕竟是个女孩啊，整天目睹老爸打打杀杀，心里头不踏实，于是在元朝政局逐渐稳定之后，妙严是削发为尼，替老爸忏悔去了，每天都要在观音殿里诵经拜佛。虔诚到什么程度呢？这么跟您说吧，少林寺那些武僧如何，靠着真功夫，愣是给砖地踩出了大坑，而妙严公主复制了这个奇迹，给观音殿里的一块地砖愣是踩出了脚印，所以后人为了纪念她，给这块砖起了一个名字，叫公主拜砖！

话说妙严公主的虔诚感动了很多人，但是其中最夸张的，当数明朝万历皇上的老妈——孝定皇太后了，巴不得自己也有一个这么孝顺的姑娘，甚至一度把这个公主拜砖请回了宫里，每天供奉，还作了一首诗："妙严焚香烛，为父结善缘。同为忠孝女，流芳千百年。"而在潭柘寺还有一样宝贝，同样也是流传了几百年，据说这样宝贝可以包治百病！

潭柘寺里的天外飞仙

在潭柘寺西北角最高处的龙王殿前，摆放着一条青黑色的石鱼，老北京那会儿，香客们来潭柘寺第一件事是上香，第二件事就是来摸石鱼。

据说石鱼本来是龙宫里的宝贝，后来玉皇大帝过生日，龙王爷把石鱼作为生日礼物献给了玉皇，有一年人间闹旱灾，玉皇怜悯众生，就打算把石鱼赐给人间。在一个电闪雷鸣的夜晚，突然一道闪电划破夜空，一条石鱼落到了潭柘寺的院里，从此它成了潭柘寺的一宝。有了宝贝您也得会使，这尊石鱼身上一共有十三个部位，象征着当时中国的十三个省份，哪儿有旱情就敲击相应的部位，老天爷就能下雨。

显然这就是个神话传说，老百姓也没有那么高的觉悟，后来从求雨改成了求健康，比如说头疼了，那就摸摸鱼头，身上疼了就摸摸鱼身，腿疼了就摸摸鱼尾，传说能祛百病，就这样，石鱼天天被摸，如今已经盘出了包浆。

潭柘寺的石鱼是一宝，好多游客来一回不容易，如果下回还想治病怎么办呢？于是潭柘寺弄了一款特色纪念品，石鱼挂坠，买一个回家，随时有病随时摸。

其实我觉得摸石鱼治病有点心理安慰的意思，但是买个石鱼挂坠作为纪念无可厚非，但是光挂在脖子上没用，您得会使，没事拿在手里，当刮板刮一刮经络还是不错的。

现如今一说到北京城，其实说的是明朝的城池。现在的二环路以内基本涵盖了老北京城的内外城池，眼下城墙、城门早已拆毁，若想追忆恐怕也只能坐上地铁二号线去数站名了。

明朝的北京城修建年代可以追溯到明成祖朱棣定都北京。朱棣对北京有一个历史性的贡献，那就是在明朝永乐元年（1403年）朱棣改北平为北京，从此“北京”这个名字才第一次出现在历史的舞台。永乐四年（1406年）开始筹划修建北京的宫殿城池，永乐十八年（1420年）竣工，历时十四年，从此朱棣把明朝的都城正式定在了北京。

关于朱棣定都北京和修建北京城有很多的故事，首先说朱棣为什么要定都北京。明朝建都在南京，这是尽人皆知的事情，朱元璋建立大明朝，把首都定在了南京。这就要说到明朝有一个特殊的规矩，皇子们一旦封王，是有自己封地的，而且封地基本都不在首都，朱棣当时作为燕王就镇守在北京。后来朱棣篡权夺了侄子朱允炆的皇位，自己当上了大明朝的皇帝，这事大家都很熟

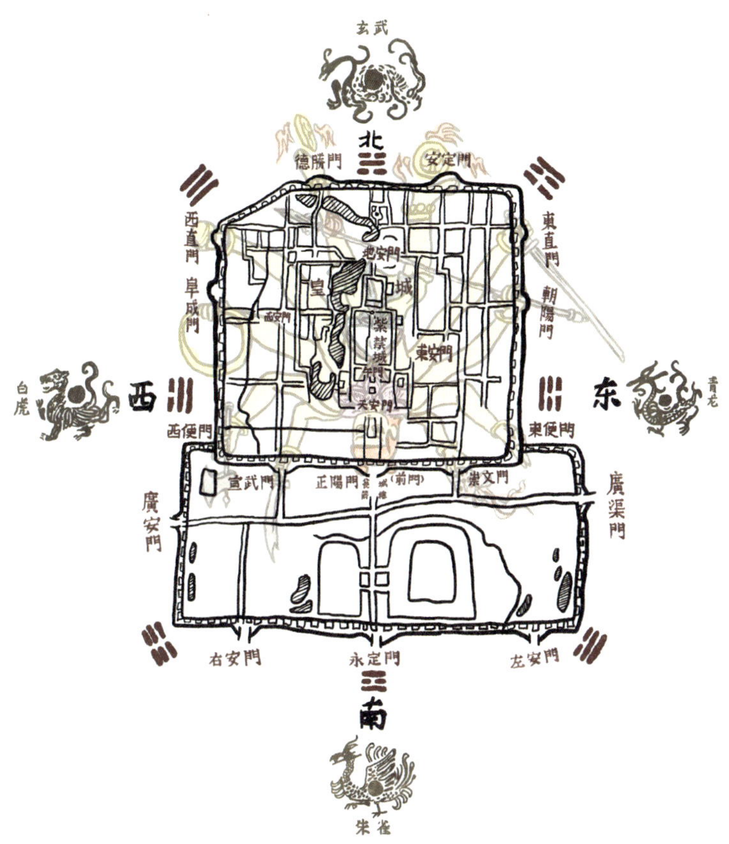

悉了，可是为什么朱棣不在南京继续做皇帝呢？有学者认为，第一，朱棣的皇位来得并不光明磊落，所以不愿在南京继续当皇帝，虽贵为天子也受不了舆论监督，正所谓舌头根子底下压死人；第二，朱棣当皇帝之前镇守北平做燕王，所以对北平的情况熟门熟路，因此愿意把明朝的都城迁往北平，再加上北平当时的地理优势非常明显，后有燕山环抱，前有平原，又有充足的水源，这是

一个定都的好地方。既然定都北平，那就要重新修建一座都城，于是便引出了一段大家耳熟能详的故事——八臂哪吒城。

话说朱棣手下有两员参事，一位是半仙刘伯温，一位是和尚姚广孝，但是在这儿咱得多说一句，下面讲的是一个北京人都耳熟能详的故事，记住是故事！因为历史上刘伯温死在了朱元璋前头，所以也就不曾帮助朱棣修建北京城而出谋划策，您千万不要较真儿。

咱们接着说，都说北京城从前是幽州苦海，有龙王住在此地，所以朱棣命二人设计北京城图，要能够镇得住龙王。要说北京以前是幽州苦海，这倒并不是传说，沧海桑田的变化，大陆架本身就是从海底升起来的，就连珠穆朗玛峰也是从海底冒出来的，这是基本的科学常识，但是镇住北京的龙王就有传说的色彩了。

刘伯温、姚广孝二人接到朱棣的旨意便回家各自思考城图的设计，而且朱棣还要求二人不许互相通气，三天之后面见朱棣，二人要背靠背各画一张北京城的设计图，如果城图不谋而合那就立即开工，如果意见有分歧，这事还得再议。

二人领旨回家，都是苦苦思索，就在三天期限快到的时候，说来也巧，二人都同时遇到了怪事，总觉得眼前有个小孩晃来晃去，而且口中念念有词“照我画，照我画就行”。二人就琢磨，“照你画？可你是谁啊？”就在三天头儿上，俩人全都恍然大悟了，这个孩子不是旁人，正是哪吒三太子。可是修建北京城还要能镇住龙王，为什么要照着哪吒设计城图呢？这咱得多说几句。

哪吒本是陈塘关总兵李靖的第三个儿子，七岁那年，五月的一天，到九湾河东海口洗澡，惊动了龙宫，先是打死了前来巡视的夜叉，龙王三公子敖丙听说此事要去捉拿哪吒，结果反被哪吒用混天绫裹住，抽筋而亡。四海龙王去玉帝那儿联名告了哪吒的状，哪吒怕连累自己的父亲李靖，于是选择一人做事一人当，自刎身亡了。后来哪吒的师父太乙真人用莲藕又复活了哪吒。之所以北京城图要照哪吒的样子设计，是因为哪吒可以镇住龙王。结果在朱棣面前刘伯温、姚广孝二人背对而坐，画出的城图分毫不差，都是八臂哪吒城，于是北京城破土动工。

这个故事只是老北京街头巷尾广为流传的一则传说，但是北京城是八臂哪吒城这倒是真的。如果俯瞰北京城的话，就是一个头朝南躺着的哪吒形象。前门是哪吒的头，东边的崇文门、东便门、朝阳门、东直门是哪吒右边的四条胳膊，西边的宣武门、西便门、阜成门、西直门是哪吒左边的四条胳膊，北边的德胜门和安定门是哪吒的两只脚。

其实这还不算完，北京城有一条中轴线，现在一说中轴线都是南起永定门北到钟鼓楼，但是您别忘了，永乐年间修建北京城的时候只修建了内城，而外城是明嘉靖三十二年（1553 年）增修的，也就是说永乐年间的中轴线南起正阳门，北到钟鼓楼，这条中轴线就是哪吒的脊梁骨。紫禁城就是哪吒的内脏，皇上坐的太和殿就是哪吒的心脏，北京的大街是哪吒的骨架，小胡同是哪吒的血管。

如果您觉得这太形象了，那后边我要说的肯定更让您啧啧称奇。北京以前是有皇城的，皇城的四座门分别是天安门、地安门、东安门、西安门，现在保留下来的只有天安门和一段皇城墙遗址了，以前的皇城和紫禁城的城墙都是红色的，这代表的是哪吒的混天绫。北京的东边朝阳门外有一座东岳庙，修建于元延祐年间（1319 年），是一座道观，现在是北京民俗博物馆，这代表的是哪吒右手拿的乾坤圈。北京城的西边阜成门内有一座妙应寺，因为寺内有一座大白塔，所以老百姓都习惯叫它白塔寺，这座大白塔修建于元至元八年（1271 年），是由忽必烈请来尼泊尔的工匠阿尼哥设计的，经过八年的设计和施工，到至元十六年（1279 年）白塔落成。同一年，忽必烈又下令以塔为中心兴建一座大圣寿万安寺，并且命人站在白塔下朝四个方位各射一箭，箭落之处就是寺院的范围，面积达到了 16 万平方米。单说寺院里这座大白塔，它象征的是哪吒左手拿的火尖枪。至此，一个极为形象的八臂哪吒城便呈现在了大家眼前。

接下来我们说说城市规划吧！古人规划总是顺应天人合

一的理念，而且是经过深思熟虑的。

众所周知，公元938年辽太宗将幽州定为辽南京，大概在今天的广安门一带。金代取代辽代之后，海陵王完颜亮建立金中都，在辽南京城的基础上有所扩大，这也是符合城市发展需要的。到了元代，元大都成为享誉世界的都城，因为蒙古军队的习性，也因为需要更广的水源和地域支撑城市的生活和漕运的供给，于是元朝放弃了金中都，而后在其东北部又开始兴建了元大都，不可否认的是元大都的设计确实高于金中都。而后明朝建立，朱棣定都北京，这时的北京城市格局只是在元大都的基础上做了修改，其中最大的动作就是中轴线东移，把城池往南移了五里。而清朝入关之后基本沿用了明城，因为明城的设计已经几近完美，无须大动。

梁思成力保北京城这大家都知道，我曾看过梁思成先生对北京城的规划，老人家说如果城墙不拆，可以在城墙之上建设环城休闲带，种上花草就是墙头花园，而且各个城门楼也可以改成展陈馆或是公共服务设施，这是多么完美的设计，但最终梁思成先生还是含泪看着北京的城墙与城门被拆了。

有人问我为什么总是喜欢老北京，其实我不只是喜欢老北京，我喜欢几乎所有老的东西，因为那里充斥着古人的智慧。我总是喜欢用紫禁城打比方，经历了几百年的暴雨、地震等等自然灾害，虽说也有翻修，但你不可否认它比很多现代建筑还要结实，为什么？你想过没有？我就只说一点，紫禁城始建于明永乐四年（1406 年），于明永乐十八年（1420 年）完工，前后花去十四年时间，但是紫禁城设计花去了十年时间，修建只用了四年，也许正是出于古人这种缜密的智慧，紫禁城里很多系统至今都在正常运转。

2013 年 3 月 20 日，春分日，这一天在旧京本该是皇帝在日坛祭日为江山社稷、天下苍生祷告的，但昨夜古都却飘起了雪，这也许是告别壬辰年漫漫寒冬的余韵残雪吧！

今晨打开窗帘被北京的美震撼了，目光所及之处是一片银白的琉璃世界，雪很松软，树挂厚厚的，早晨的气温还很低，但毕竟是春天了，雪已经在慢慢地融化。走在小区里，匆忙赶去上班的行人也会被这美景拽住脚步，掏出手机留住这最后一场雪。此时的我突发奇想，今天不如去感受一下西山晴雪吧！作为燕京八景之一，西山晴雪名声大得很，但是在当下这繁忙的大北京中还能有心去赏的人毕竟是少数了，想想今人的生活，其实不是不想放慢，实在是不敢放慢啊！

八百多年前的金代，金章宗为当时还是金中都的北京钦定了“燕京八景”。那也是一个冬日，雪后初晴，金章宗去西山观雪之后返回都城，到达皇城之时金章宗从颠簸了一路的马车上下来要舒活一下筋骨，当他回头望向来时的路，只见残阳照耀下，雪后

的西山美不胜收，此时的天空蔚蓝，二者互为映衬、相得益彰。金章宗默立了良久，深邃的目光望着西山，吟出了两句诗“西山御屏江山固，积雪润泽社稷兴”，于是燕京八景中便有了“西山积雪”。此后这个名字几经修改，元代时称“西山晴雪”，明代时称“西山霁雪”，直至清代，那位风雅潇洒的乾隆帝为西山写下了一首诗《西山晴雪》：“银屏重叠湛虚明，朗朗峰头对帝京。万壑晶光迎晓日，千林琼屑映朝晴。寒凝涧口泉犹冻，冷逼枝头鸟不鸣。祇有山僧颇自在，竹炉茗椀伴高清。”从此以后明代的“西山霁雪”正式改称“西山晴雪”并且沿用至今。

此景颇受历代帝王的独宠，以至于若干年后乾隆又一次诗兴大发，咏叹西山晴雪之美，“久曾胜迹纪春明，叠嶂嶙峋信莫京。刚喜应时沾快雪，便数佳景入新晴。寒村烟动依林袅，古寺钟清隔院鸣。新傍香山构精舍，好收积玉煮三清”。这首诗被刻在了石碑上，这就是矗立在香山半山腰上的“西山晴雪碑”，而今的游人大多以看到此碑便认为自己观赏到了“燕京八景”之一,实则差矣，西山并不单指香山，雪后初晴也并不是此碑处景色绝佳，今天我去西山踏雪便没有选择香山，而是悠然地走进了樱桃沟。

每每来到西山一带，我并不怎么登香山，而是独爱植物园、樱桃沟，虽然香山有勤政殿、双清别墅、香炉峰、西山晴雪碑以及现代化的登山索道，但总是觉得这里不如樱桃沟使人怡然。回想当年曹雪芹选择黄叶村著书《红楼梦》想必是有他的理由的，樱桃沟好似有一种自然与人文赋予的节奏感，引领着你的脚步去探幽。

走进植物园的大门便是一条长长的甬道，道路两旁各种花卉的园圃，让你在尘世间躁动的心渐渐地平息了下来，暂时忘却身后那都市的繁杂，只一心地去面对山谷前行。此时的节奏是舒缓的，一路坦途、美景相伴并不觉得累，待到筋骨完全舒活开来，甬道开始上扬。抬头望，一座四柱七楼的灰瓦牌楼赫然矗立，正面额书“智光重朗”，背面额书“妙绝横玄”，这座牌楼便是卧佛寺的起点了，原本是一座木质牌楼，但因为新中国成立初期破损严重，所以现在这座是1984年重建的钢筋混凝土结构的了。

穿过牌楼，身旁的花圃变成了两行参天的松柏古树，而刚才一路走来舒缓的节奏也顿时变得庄严肃穆了起来，因为甬道开始上坡，人们必须向前弓着身子才能前行，这也是告诉每一个即将进入寺院的游人，要心怀恭敬。走上斜坡的甬路，迎面是一座高大的琉璃牌坊，牌坊的正面写着“同参密藏”，背面写“具足精严”，这都是乾隆的御笔。牌坊下有一大两小三座汉白玉拱券门，寺院的三座门分别代表着“空门”“无相门”“无作门”，也称“三解脱门”，寺院的一切无不是表法的，三解脱既是佛法的境界也是佛陀对众生的期许，但是穿过此门是否真的会“解脱”，当然还是要看众生自己的心性了。

卧佛寺有五大景观，古往今来一直被大家所津津乐道，走进山门便是古寺第一景——放生池。寺院修建放生池意在宣扬佛教护生的理念，但是也要因地制宜，所以据我所见到的北京有放生池的寺院多在山中，比如西山大觉寺、八大处灵光寺、凤凰岭的龙泉寺，但那几处寺院的放生池都是方形的，而卧佛寺的放生池却是半月形状，这一点点的改变却为这本该肃穆的山间寺院平添了几分情趣，一架单孔石桥横跨池上，这样的建制在京城实不多见。石桥的栏板上、院中的树梢上积雪未化，而放生池中的水却在午后阳光的照耀下泛出粼粼波光，成群的锦鲤在池中串游，池边三两闲适的游人捧着鱼食往池中撒着，无论是人、是鱼还是树，好似一切的众生都在这佛门净土中享受着西山晴雪的这个午后。

古寺第二景——蜡梅，在天王殿前，据说这一丛蜡梅栽植于唐贞观年间，曾经一度枯萎，后来又神奇般地发出了新芽，所以也被后人称为“二度梅”，取“梅开二度”之意，每到早春时节梅花盛开，自然是摄影爱好者追捧的对象。

古寺第三景——银杏树，卧佛寺的三世佛殿东西两侧有两株古银杏，树龄都在八百多年，银杏树又称“公孙树”，因为它的树龄长，祖辈种下，待到孙辈时方才长成，所以得名。众所周知佛门的圣树乃是菩提树，因为当年佛陀正是在菩提树下静坐成佛的，但因为菩提树不适应北方的气候，北京的寺院多用银杏树代替菩提树，所以这也是北京佛寺里的圣树了。

古寺第四景——乾隆罗汉像，这一景就需要进到三世佛殿观瞧了。三世佛殿因为供奉三世佛而得名，在三世佛的两侧是清代泥塑彩绘的十八罗汉像，其中有十七位都是身披袈裟，只有一位格外地惹眼，只见他头戴金盔、身穿龙袍，据说这是乾隆皇帝因为一心向佛但身为一国之君又不能出家，所以他命人把十八罗汉去掉一位，换成了自己的塑像位列其中。

古寺第五景——铜卧佛。穿过三世佛殿便是卧佛寺的精华所在了，那尊铜卧佛就静静地躺在卧佛殿里。卧佛寺其实在距今一千三百多年前的唐代贞观年间便建立了雏形，当时叫兜率寺，这也就不难解释为什么卧佛寺的古蜡梅是唐朝所植的了。后来寺院在历朝历代几经更名，直到清朝雍正十二年重修时赐名“十方普觉寺”一直沿用至今，而元朝重修寺院的时候在至治元年十二月铸造了一尊重 54 吨、长 5.3 米的铜卧佛，这也是元朝高超冶炼技术的体现，因为这尊铜卧佛太有名气了，以至于大家早已忘记了寺院的本名，而习惯性地称呼这里为卧佛寺了。其实卧佛寺在历史上是有两尊卧佛像的，一尊是唐代檀香木雕刻的卧佛，原本供奉在三世佛殿里，明朝时佛像不知所踪，现在寺里只留有一尊元朝的铜卧佛了。

卧佛在寺院里供奉的并不多，我在北京所见过的卧佛大致有三尊，法源寺法堂的木质卧佛、灵光寺卧佛殿的玉卧佛，再有就是卧佛寺的铜卧佛了。卧佛表现的是佛陀入大般涅槃那一刻的情景。

公元前 543 年，佛陀从王舍城的灵鹫山启程，一如既往地开始了他的弘法之旅，但这一年佛陀已经是一位八十高龄的老者了，在弟子的陪同下，佛陀依然坚持托钵步行。渡过干达河，佛陀一行人来到了末罗国的波婆村，村里一位铁匠闻听佛陀的到来喜出望外，便要供养佛陀，第二天佛陀如约而至，接受了铁匠供养的午餐，席间有一道蘑菇佛陀看出了问题，尝过之后便开始隐隐腹痛，但佛陀却告诉铁匠："蘑菇供养给我，其他的食物给我的徒弟们分食吧！"用过午饭佛陀便开始痢疾不止，铁匠不知所措、自责不已，佛陀却说："你的供养发心是至诚的，所以不要自责与悲伤。"

在《大涅槃经》中有这样的记载："我闻彼服食铁匠穷达的斋供以后，世尊忍受几濒于死的剧痛，彼所以患此严重性疾病，因进用梅檀树耳之故。世尊于清泻后犹说，我等去拘尸那罗城。"佛陀托着病痛衰老的身体到达了拘尸那罗城的娑罗树林，他命弟子在两棵娑罗树间铺下卧具，佛陀右肋着地而卧，在清朗的月光之下，风吹动着树叶沙沙作响，弟子们围绕在佛陀的身边，佛陀用枯油残灯似的最后一点力气为弟子们做最后的开示，他用一生的弘化包括这年老的应身为众生阐释着"因缘生灭、万物本然"的道理，最终佛陀耗尽最后一丝体力进入了涅槃寂静。

卧佛寺的这尊卧佛塑造的正是那时的情景。佛陀涅槃至今已有两千多年，而这尊铜卧佛自从铸成那日起也已经在这卧佛寺静静地躺了六百多年，我常会在这佛前思考，此时的佛陀是睡，是醒？是住世还是已经涅槃了呢？这几百年间无数的香客穿梭于此、跪地祷告，佛陀听得到吗？香客们是对佛祷告还是对自心祷告呢？也许卧佛殿门额上和殿内的两块匾文可以回答这个问题——“性月恒明”“得大自在”，何为性月？何为自在？我自知才疏学浅，不能也不会解释，也许观问自心时，自会了悟吧！

带着这样的心情走出卧佛寺，进入了山后的樱桃沟，此时的节奏又从肃穆转变成了探幽。记得第一次来的时候我还在上初中，那是一个仲春的周末，一向严厉的家父竟然破天荒地主动提出要我从繁重的课业中舒缓一下，带我去樱桃沟爬山，那时的樱桃沟野趣十足，现在的山谷栈道那时完全没有，我和父亲是一路翻石跨溪走进山里的，那时山里的游客也少，一路走来几乎没有什么人，耳边只有我俩踩在树叶上的沙沙声和一路相伴的溪流的潺潺水声。时隔多年，今日进山，因为是雪后初晴、山路泥泞、游人稀落，竟也找到了当年的那份情趣。

樱桃沟从明清时期就备受文人青睐，常有雅士在此隐居。樱桃沟原名“退谷”，至于为何得名，我只听到过一种说法，因山谷走势而得名，但我倒是觉得退谷之名倒和那些隐士的心境相得益彰。

喜爱北京历史的人恐怕没有不知道《春明梦余录》和《天府广记》这两本书的，在专述北京的史学著作里这两本书的地位极为重要，而它们的作者孙承泽就曾隐居退谷。孙承泽是明崇祯四年（1631年）的进士，明朝时做过刑部给事中，明朝覆灭后，清朝时依然在朝为官，北京宣武区琉璃厂附近的“前孙公园”“后孙公园”以前叫“孙公园”，就是孙承泽的居所。孙承泽在六十三岁时于樱桃沟内修建别墅，而且还修了一座亭子，取名“退翁亭”，从此便专心在此著书。

想到此我突然觉得今日雪后登西山好像格外的有意义，不但置身在了燕京八景中，仿佛这也是一次朝圣之旅，作为北京文化的追随者，此时走在当年孙承泽踏过的山间小径之上，确实有一点怀思之情。

时过境迁，我想今日游览樱桃沟的人大多不会知道孙承泽是谁，他对北京有什么意义，更多的人在意的是谷中的美景。尤其近几年栈道修好之后，每到春秋这里就成了婚纱摄影的一大好选择；而上了年岁的人则是被樱桃沟里那个“水源头”汩汩涌出的山泉水所吸引，每日里不辞辛苦地一桶桶地往山下背。还有就是面对这樱桃沟里成片的杉树林有些人心中会有一个疑问：既然不见樱桃树，为何要叫樱桃沟呢?

其实樱桃沟以前还真是有樱桃树的，清初的学者周亮工在他著述的《因树屋书影》里就提到过“白樱桃生京师西山中，吾师北海先生退谷前有一株，当以数十粒相贻”，文中提到的“北海”是孙承泽的号，周亮工则是孙承泽的学生，这篇文章也证实了樱桃沟以前确实有樱桃。

后来到了清朝同治年间，樱桃沟的南山口修建了一座广慧观，观中的道士在山谷里遍植樱桃树，每年樱桃成熟的时节都要送往皇宫上供，百姓是没有这个口福的。1900 年八国联军攻进北京，义和团在攻打西什库教堂的时候有一位洋人的牧师化装逃走，来到了樱桃沟避难，后来被广慧观的道士发现并且杀死，八国联军得知此事前来报仇，道士们从此弃观而逃。清末广慧观和樱桃沟都被慈禧寿膳房的太监郝长泰买下作为出宫后养老的地方，清朝覆灭后广慧观和樱桃园被一个叫周肇祥的资本家买下，成了周家花园，直到 1937 年抗战爆发，樱桃沟的樱桃树日益枯萎，现在则是难寻樱桃树的身影了。

伴着一路的思绪，不觉间竟然走到了元宝石下的水源头，前方立着“游人止步”的牌子，我则绕过牌子继续前行，其实每次游览樱桃沟，我都是这样的“不守规矩”，前方的山路变得荒凉，更是一个游人都没有了。

回想自己在这条路上走过许多次了，第一次和父亲来，上学时与同学来，当然更多的时候是像今天一样自己来，也曾在这山谷中小小地迷过路，但在雪后踏入西山这还是第一次。一路走来方才觉得，远观西山晴雪美不胜收，而身在此山中的时候却是这样的泥泞难行，但是这并不妨碍我游览的兴致，山间静得出奇，已是下午，太阳也不再耀目，缓步前行、边走边赏倒也不觉得累，时而会有乌鸦在头顶飞过，那翅膀在空中呼哒呼哒地扇动。

猛然间觉得，昏鸦飞过的情景见过无数次，本以为已经熟视无睹，但今天竟然察觉到鸟儿飞翔也是有声音的，也许静到极致才会观感到生活中的点滴本真。一鼓作气走到山顶，回身望向来时路和眼前开阔的景致，山林中静到可以真切地听到自己呼吸的声音，转而再细听，远处传来“呼呼”的声音，这并不是风声，我真真地确定这是城市里传来的声音，原来我们天天在都市中奔忙，那种嘈杂竟然被我们习以为常。

天色渐暗时我下了山，甬道两边树梢上的雪挂还在消融、扑簌簌地往下落。回到家天色已经黑透，坐在昏黄的台灯前随手翻看着关于樱桃沟、卧佛寺的书籍，玩味着这一天的味道。

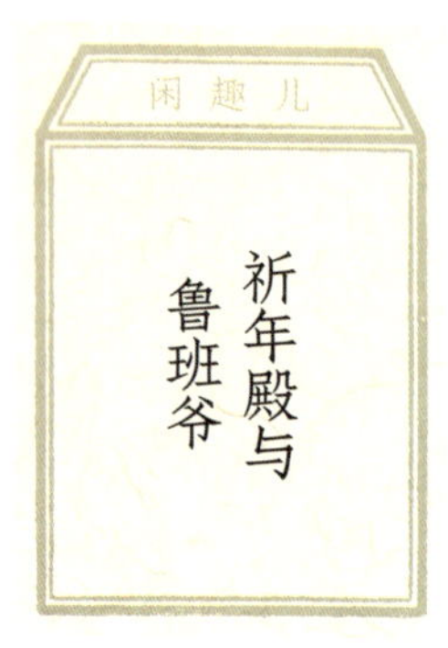

要是说起老北京城除去景山万春亭、琼岛大白塔这些建在山丘上的建筑，建在平地上的建筑，最高的也许非天坛祈年殿莫属了。

朱棣篡夺皇位迁都北京，在兴建自己的住宅紫禁城的同时也没忘了自己贵为天子的那个虚拟父亲——老天爷。皇帝虽为一国之君，但也是以天子自居的，说白了就是老天爷的儿子，古代君王最讲“君权神授”以表明自己一统江山的正宗性，于是在1420年，紫禁城和天坛同时竣工。

在那个以农耕为主的社会，老百姓都是靠天吃饭，皇帝君临天下也是替天治世，所以给老天爷修建的豪宅自然马虎不得，紫禁城占地72万平方米，天坛占地272万平方米，几乎是紫禁城的四倍；紫禁城的太和殿连同基座高35米，祈年殿连同基座高44米，高度上也是略胜一筹，处处都要表明即使在封建社会，在苍天面前皇帝也要矮半截。

现而今的天坛想必最有代表性的建筑就得算是祈年殿了，三

重檐的圆形大殿，而且还是北京旅游的标志，殊不知，祈年殿最初并不是圆形的。

天坛在永乐年间建成之初是天地合祭的场所，祈年殿最初叫“大祀殿”，原本是方形的大殿，明朝嘉靖年间，嘉靖皇帝改了祖制，把天地分开祭祀，这才在北京修建了地坛，嘉靖二十四年（1545年）大祀殿改成了咱们现在熟悉的三重檐圆顶大殿，更名为大享殿，但和现在不一样的是房顶的颜色比现在热闹多了，殿顶最上层是天青色，中间是黄色，下层是绿色，天青代表天，黄色代表沃土，绿色则代表土地上勃勃的生机，简而言之就是寓意着天、地、万物。清朝乾隆十六年（1751 年）对大享殿修缮之后，才把三色的屋顶改成了统一的蓝色琉璃瓦顶，从此只作为祈祷五谷丰收的专用建筑，并且正式更名为——祈年殿。

祈年殿的建筑寓意非常深刻，可以称得上是北京最早的天文馆了。祈年殿是砖木结构，没有大梁长檩和铁钉子，整座建筑靠 28 根楠木大柱支撑。大殿是圆形的，象征着古人天圆地方的宇宙观；房顶是蓝色琉璃瓦，象征着蓝天。殿内的二十八根柱子也和天象密不可分，最里圈的四根叫“龙井柱”，象征一年四季春、夏、秋、冬；中间一圈的十二根叫“金柱”，象征一年有十二个月；最外一圈的十二根叫“檐柱”，象征古时候一天的十二个时辰。中层和外层两圈相加是二十四根立柱，象征了一年的二十四个节气。三圈柱子加在一起是二十八根，又象征天上的二十八星宿。再加上大柱子顶端的八根童柱，总共是三十六根，这象征着三十六天罡。正中央宝顶下边有一根“雷公柱”，这代表的是皇帝“一统天下”。

祈年殿的内部结构如此独特，却没有大梁、长檩和铁钉，工程难度就可想而知了，因此北京城一直有这么一个传说。话说永乐皇帝朱棣在北京修建天坛的时候，因为大祀殿是天坛的主体建筑，所以招来上千名的能工巧匠专门负责修建大祀殿。

有一天工地里来了一个七十多岁的老头，找到了工头，说自己是一个木匠，看能不能在这工地上干几天活，挣俩钱儿。工头一看老头这把年纪，重体力活实在是不忍心让老头干，于是找来一个木匠组的小组长，让这小组长带着老头，而且特意嘱咐照顾着点。这小组长心眼也好，自打老头来了就没让他干过活，可是老头自己坐不住了，经常主动找小组长派活。小组长一看，老让老头闲着也不是回事，于是四下一寻摸，看见地上扔着一根半尺来长的木头，小组长顺手捡起来就说：“您就拾掇它吧！”小组长也没交代清楚到底该怎么拾掇，老头接过来也没问。

接下来几天老头每天就认认真真地拾掇这根木头，几天过后老头突然不见了，大伙只是在工棚里发现了那根木头，上边还密密麻麻画了好多的黑线，大家谁也没当回事，小组长接过来看了看，也没看出缘由，顺手一扔，奇怪的事情发生了，这根木棍顺着黑线散成了一堆木楔子，大家这才觉得事有蹊跷，于是找来一个口袋，把木楔子全都装了起来。

过了很久，话说到大祀殿快完工要上梁的时候突然遇到了麻烦，大殿的柱子、横梁、檩条之间咬合得不严实，整个大殿的架子晃晃悠悠的。正在大家心急如焚的时候，突然有人想起了老头临走时留下的那一堆木楔子，拿来口袋，把木楔子一个一个地凿进梁柱的缝隙里，正好严丝合缝，而且凿满了所有的缝隙，木楔子一个不剩。这个时候大家更觉得奇怪了，去问工头的时候，工头才发现自己连这个老头的姓名、从哪里来的都不知道，于是大伙全都认为这是鲁班爷知道大祀殿的工程有这一难，特意下凡帮助他们来了。

这显然是一个传说故事，因为鲁班生活在春秋战国时期，到明朝修建天坛的时候他老人家已经入土为安一千八百多年了，但是这并不妨碍后世之人怀念他、崇敬他，以至于会把后世的奇巧建筑都归功在鲁班爷的身上。

就拿北京来说，关于鲁班显灵的传说就有不少，天坛、故宫角楼、白塔寺、德和园大戏楼都有关于鲁班爷的故事。传说不能等同于瞎说或是胡说，这是中华民族传承文化的一种手段。如果您能通过一则传说牢牢地记住鲁班，抑或是了解了北京城的一座古建筑，那便是传说的功劳。我们中华大地本就是一个充满了神话传说的地方，如果割除神话与传说，我们不能自比龙的传人，毕竟龙也是存在于神话传说里的，试想如果是那样的话，中华文化将失去光彩。

北京，绝对可以说是各地美食荟萃之所，受帝都文化之影响，北京人又当之无愧地称得起是“吃主儿”。无论古今，各地美食几乎都在北京想要觅得一席之地，于是川鲁粤淮扬，各大菜系在北京争鸣齐放，而借助地域之便利，北京人则坐在都城就可遍尝天下美食。北京虽包容但也苛刻，它虽兼容并蓄但也去粗取精，能经得起时间历练的或是美食或是字号必须要有过硬的品质，否则也只能是昙花一现。

若论大菜，其实北京没有自成一派的菜系，无论小吃抑或是大菜。北京小吃有相当一部分来自清真小吃和满族小吃，而除了北京小吃，其余能上得了席面的所谓“京味菜”其实大多是“京味鲁菜”，以北京有名的八大居、八大楼、八大堂为例，也多是鲁菜馆子。而八大楼的名号无论新旧京城可谓是尽人皆知，如今虽已不全，但还在经营的几家也还是京城鲁菜馆的翘楚。

八大楼里论起鼻祖当属什刹海畔的庆云楼了，不光是因为它开业最早，更是因为它使得北京孕育出了八大楼饭庄，此话怎讲

呢？咱们慢慢道来。

庆云楼是当年北京城里开业最早的高端鲁菜馆儿了，它始建于 1820 年，距今已有 190 多年。庆云楼选址极好，距离什刹海畔的胜景“银锭观山”仅一街之遥，而且旧京有“东富西贵”之说，东富自然是说当年北京的东城富庶大户居多，老北京有名的恒利、恒和、恒兴、恒源这四大恒银号也都集中在东四一带，所以那里可以说是老北京的金融街；西贵则不一样，因为富不见得贵，此话怎讲呢？富是有钱即为富，而贵则是身份地位的高贵，因京城王府多集中在西城，所以便有了西贵之说，而庆云楼坐落在贵族生活圈当然是选址极好，当年什刹海畔王府官邸众多，瑞亲王、恭亲王、庆亲王、定国公、安国公、武定侯都是这里的常客，有这些大腕作为代言人，想必京城的文人雅士、豪门富绅也都以吃上一顿庆云楼为谈资美事了。

曾经辉煌一时的庆云楼后来因为店老板转业而关张了，但是正所谓"塞翁失马焉知非福"，此后，庆云楼的骨干力量从店里出来之后要另谋生路，于是北京城才逐渐形成了著名的"八大楼"饭庄，即东兴楼、泰丰楼、致美楼、鸿兴楼、正阳楼、庆云楼、新丰楼和春华楼。

说到庆云楼的关张可能很多人感到不解，因为现如今走在什刹海畔依然在银锭桥头可以看到一栋质朴的木楼，门楣之上悬着一块匾"庆云楼饭庄"，落款是书法大家启功先生，这里的缘由还要从 20 世纪 50 年代讲起。

庆云楼在关张之后，原址在 20 世纪 50 年代初期变成了住家儿，主人姓朱，在京城裱画行业里也算是小有名气，大概在

1990 年前后，启功先生来此裱画，以前启功先生就曾听闻这家裱画店曾经是名震京城的饭庄庆云楼，于是启功先生便题写了“庆云楼饭庄”这幅字。

要知道有了启功先生的题字，这个事情可了不得，多少商家即便是拿着润笔也不见得能求到一块启功先生题写的匾额啊！于是朱家的三儿子朱成祥借此契机也想恢复庆云楼这个传统老字号。

2010 年，朱家腾出自己全部的老宅，按照旧貌，原址复建了庆云楼饭庄，同时在饭庄里还保留了一间 190 多年前的老瓦房。

我是很爱去什刹海闲逛的，无论是它以前的宁静质朴还是如今的灯红酒绿，因为触目所及的变化似乎都与我无关，因为我更在意的是和这里的一种神交。庆云楼我也经常从门前走过，虽然知道它的过往，但是在这时尚汇聚之地，这样一间略显“讲究”的饭庄，我始终还没有勇气踏进去，2013 年的春天，借着拍摄节目之便我才第一次走进庆云楼。脚下的地面全是木板架起来的，走起来沉闷的咚咚声似乎在时刻提醒着你它已在这里守候了 190 多年，内部的装修并不华丽，木柱、房梁就是原木本色，四周的墙壁也都是暗色调为主的，墙上的装饰画既有历代名臣的画像也有大幅的西洋油画，但是归于一室倒也不觉得恍惚，就像都是有了阅历的老者，无论你是来自哪里、哪个国度，那份对生活的淡然都是一般无二的。

来的时候是下午的两点，午饭的客人已经散尽，餐厅里很安静。这是一个初春的午后，因为饭庄是坐北朝南的，所以玻璃窗里洒满了明媚的暖阳。什刹海畔游人不多，湖里的冰面已经消融了一半，阳光下粼粼的波光微微地耀目，坐在靠窗的椅子上晒着暖阳，一个慵懒闲适的下午，这和我脑中那什刹海的景象应和上了，真不知为什么那么多人竟然喜欢入夜时分那个纸醉金迷、鬼哭狼嚎的什刹海！

既然这里是鲁菜老字号自然要点上几道菜回味一下当年的味道，于是点了几道经典的菜肴：抓炒里脊、糟溜鱼片、香酥鸡。这几道菜有一个共同点，食材并不昂贵，但是极费人工，所以也叫“功夫菜”。

抓炒里脊，里脊肉随处可买，但是这道菜却是有史可查的“御膳菜肴”，说起它的由来，还和当年的慈禧有一段渊源。话说慈禧每到秋日最喜欢看香山红叶，有一次去香山，慈禧不知想起了什么，就问起了在这儿看山的是谁，下人便去传唤。

这家人姓王，祖辈在这儿看守香山，慈禧念其祖辈看山有功，于是下了一道懿旨封王家为“香山山王”，并且特准其后代王玉山进宫当个“火头军”，这火头军说白了就是个炊事员，别看在宫里当差，但是火头军可不是给帝后们掌灶的，顶多就是个打下手的小工。

可是该着王玉山走运，有一天，慈禧用晚膳，寿膳房像往常一样做了一大桌子珍馔佳馐，但也许是慈禧没有胃口，老佛爷没动筷子，这可吓坏了寿膳房的厨师。这个时候王玉山主动请缨，说他会几道拿手菜，其实说起来这几道菜算不得人间美味，只是寻常的家常菜——糖醋里脊。可也许是慈禧没吃过的玩意，她都觉得新鲜，这道菜一上桌慈禧果然大加赞赏，当问起这个菜叫什么名字的时候，在一边伺候的太监可着了急，因为上菜的时候忘了问了，不过伺候主子时间长了倒也学会了随机应变，想起刚才王玉山做菜时用手给里脊抓糊的动作，顺口回了一句："启禀老佛爷，这菜乃是香山山王之子王玉山所烹，名曰抓炒里脊。"老佛爷吃美了，立即封王玉山为"抓炒王"。

得到了慈禧赏的封号，从此"抓炒王"在北京一下扬名了。之后王玉山晋升为了御厨，他又相继研制出了"抓炒鱼片""抓炒腰花""抓炒大虾"，加上那道"抓炒里脊"，这就是清朝宫廷的"四大抓炒"。这道菜做起来讲究很多，单就说抓糊，糊太厚了出锅太硬，糊太薄嚼在嘴里又缺少了脆劲儿，所以这道菜也体现了北京人在吃上的讲究，那就是食材不一定极尽奢华，有时候吃的就是厨师的手艺。

香酥鸡则是山东传统的风味菜肴，选料讲究用笋母鸡，也就是童子鸡，用高汤先蒸熟，然后再入油锅炸，油温要高，最好八成热，炸出来外酥里嫩，如果油温低炸的时间长会把鸡肉炸干，有损口感。

糟溜鱼片是一道北京名菜，但要说起它的由来却还是离不了鲁菜。那是在明朝隆庆年间，据说有一次兵部尚书郭忠皋回老家探亲，返京的时候从老家山东福山带回了一个厨子。当时正赶上穆宗皇帝朱载垕为宠妃做寿，宴请文武百官，郭尚书就把自己从山东老家带来的厨子推荐给了御膳房，那次宴席上山东名菜“糟溜鱼片”正式在紫禁城里登上了历史舞台，据说穆宗皇帝当晚喝得酩酊大醉，但是第二天醒来口中仍有余香，皇帝被这位山东厨子折服了。数年后，那位厨师告老还乡。有一日，朱载垕龙体欠安，茶不思饭不想，就想着那一年吃的“糟溜鱼片”，于是皇后娘娘派出半副銮驾去福山接那位厨师进京。銮驾，那是古代帝后出巡才配备的仪仗，一个厨子竟然用上了半副銮驾，这是何等荣耀之事。

这道菜之所以让当年富有天下的皇帝都念念不忘，其实鱼片用什么鱼倒还在其次，糟是最要紧的，在庆云楼品尝这道菜，席间竟有朋友品出了果香味，后和老板一打听，原来他家的糟里用了大枣，确实别具风味，只是不知当年让穆宗皇帝魂牵梦绕的糟溜鱼片与庆云楼的相差几何。

席间品着菜肴不禁在想，为何几百年来鲁菜在北京大行其道且长盛不衰，鄙人牵强地总结了几点：其一，鲁菜口味咸鲜，京城乃是各方人士汇集之所，但无论天南海北，想来咸鲜口味都是最易接受的。其二，鲁菜起源山东，山东东临大海西接内陆，既有山珍也产海味，食材广泛，也练就了鲁菜师傅广博的手艺。其三，鲁菜味道醇厚、恰到好处，就像山东圣人孔子讲究的中庸之道，没有大咸大辣，乃是五味调和，既可做“下饭菜”也可做“宴席菜”，哪怕只是佐以美酒也未尝不可。其四，山东人性情敦厚，也深谙生财之道，让他们服务、被他们挣钱倒也身心舒畅。

天气虽已渐暖，但在什刹海畔庆云楼里晒着太阳倒也不觉得燥，托腮望向窗外，回想书本中我曾认识的什刹海，那时寺庙环湖而建、鳞次栉比，有记载说正是因为什刹海畔有十座古刹故而得名，我后又详查史料，此地古刹何止十座！杜牧有诗云“南朝四百八十寺，多少楼台烟雨中”，此时我在想，若过些时日，第一场春雨淅淅润物之时再来此处小坐，是否也能在这什刹海畔体悟到杜牧诗中所云的江南寺庙烟雨中之感呢?

北京作为内陆城市，似乎水对我们的生活影响不会很大，但是 2012 年夏天的一场暴雨，使得北京人对水又多了一分敬畏之情。其实北京历来对于水患的防治都未曾掉以轻心，无论是科学的排水系统还是寄托了美好寓意的镇水神物，下边我就拣几例与水有关的“神物”与君分享。

后门桥镇水兽

在如今繁华的什刹海畔，正对鼓楼的地安门外大街上有一座历经沧桑的古石桥，这就是始建于元世祖至元二十二年（1285 年）的万宁桥，因为地处老北京的地安门外，而地安门又是当年皇城的后门，所以北京人习惯于叫它“后门桥”。

在桥下的四角各有一只栩栩如生的石雕神兽，名叫趴蝮，据说是龙生九子之一。当年郭守敬设计北京城的水系，引白浮泉的水入北京城汇聚到积水潭、什刹海。这片水域不但为漕运提供了便利，同时因为距离皇宫很近，所以防水患也是不可掉以轻心的，

于是后门桥下的四角出现了四只镇水神兽——趴蝮。据传说趴蝮善水性，而且专吃水妖，所以用它镇水再合适不过了。

其实后门桥的趴蝮不光是有吉祥寓意，它也有实际的用途，那就是水位警戒线的作用。因为元代北京的漕运一直通到积水潭，船舶要通过后门桥，为了防止水位过高船只撞上桥洞，岸边的趴蝮就成了测量水位的参照点。

北新桥的由来

说到北新桥的由来，似乎所有老北京人都知道“北新桥镇海眼”的故事。

传说明朝初年，刘伯温重修北京城，住在这附近的一条老龙不乐意了，兴风作浪，发大水淹了朱棣皇上的金銮殿。皇上大怒，下旨让刘伯温捉住老龙。刘伯温那是半仙之体啊，老龙斗不过他，结果被生擒活捉。刘伯温打造了一挂大铁链子将老龙拴在了一口井里，据说这口井通着大海，是一口海眼，为了镇住海眼和老龙，刘伯温随后又命人在井上修了一座桥。老龙不甘心呐，还问刘伯温呢："你何时能把我放出去？"刘伯温也犯坏，回答道："等井上的桥变旧了，你就能出去了。"等刘伯温走了，老龙一看这座桥的名字，差点没气死，刘伯温给这座桥起名——北新桥，您说这桥还能旧的了吗？得，一个文字游戏，把老龙给忽悠了。

所以，这座北新桥就是北京的另一个镇水神物。您要说这就是一个传说吧，可是老北京人都知道有这么一件事，据说抗日战争的时候，日本人强占了北京城，在北新桥还真发现过一口老井，井里垂着一条大粗铁链子。日本人好奇啊，想看看铁链下边拴的到底是什么，于是组织人往外拉这根铁链子，结果这铁链子越拉越长，最后人力都拉不动了，干脆动用汽车，拉出几条街去了，还没见头呢！而且井里还突然往上翻起了黑水，还隐隐传来了海浪的声音，甚至能闻到海腥味，在场的日本人都慌了，赶紧让人把铁链又顺了回去，古井这才恢复了平静。当然，这又是一个在京城民间广为流传的传说，并无史料记载。

琼华岛镇海佛

北海公园的琼华岛可以说是整座公园的点睛之笔，岛上的白塔又是北海的标志，但是大家更关心的似乎还是琼华岛下边有海眼的传说。

其实所谓的海眼还真有，琼华岛上有一口古井，一年四季井口凉风习习，这就是传说中的海眼，所以，有人说，白塔就是北京城的另一座镇水神物,有道是“天王盖地虎、宝塔镇河妖”嘛！

这也倒是合情合理，但是琼华岛上镇水的设备是双保险，此话怎讲呢？因为在白塔下边还有一间小殿，名为善因殿，这座殿宇有两层房檐，上圆下方，象征着过去古人天圆地方的宇宙观，四面墙每面宽 4.4 米，上面有 455 尊小琉璃佛像。善因殿里，正中供奉的是一尊藏传佛教的青铜护法像，造像雕刻了 9 个头、36 只手、36 只眼、18 只脚，所以过去老北京人也把这尊佛像称为千手千眼佛。

这尊护法像在藏传佛教里正统的名字叫大威德金刚，这个名字的意思是：一来它能降妖伏魔，有大威之力；二来它还能一心向善,有护善之功。把这样一尊大威德金刚像放在海眼之上，再加上周围 455 尊小佛的力量，才能成为北海海眼的镇水神物。所以，在老北京的文献中，都把北海善因殿里的护法像称为镇海佛。

颐和园铜牛

颐和园闻名遐迩，作为清朝的皇家园林，这里湖光山色美不胜收，但很少有人知道，就是这美景荟萃之园却也是皇家的心头之患，因为园中昆明湖的东堤，比紫禁城的地基大约高了 10 米。以前,一遇到下大雨,昆明湖这一带那真是名副其实的“水乡泽国”，其实说白了就是“水患之地”。

为了防止昆明湖东堤决口，冲跑了紫禁城里的皇上，于是乾隆下令铸一头铜牛置于昆明湖岸边。因为古人认为牛识水性，铜牛是镇水的神物。要说这种习俗的由来那还得追溯到大禹，据说当年大禹治水就是每治理好一处水患，便铸一头铁牛沉入河底以镇水患。

而在岸边设置铜牛或者铁牛镇水也是有渊源的，唐朝大诗人王之涣的名篇《登鹳雀楼》我想应该大家耳熟能详吧：“白日依山尽，黄河入海流，欲穷千里目，更上一层楼。”这首诗写的便是鹳雀楼，而诗中也提到了“黄河入海流”，这说明了鹳雀楼的地点，就在山西省永济市蒲州古城西面的黄河东岸。离鹤雀楼不远处便是黄河古道，岸边就有四头铁牛，铸造于唐开元年间，已经是当地的文物了，也是一个著名的旅游景点。这四头铁牛有两个功效：一是镇水，因为过去黄河总是泛滥成灾；二来，这四头铁牛分别在河道两边，古人在黄河上架起浮桥，铁牛还起到固定浮桥的作用。

咱们把话题拉回到颐和园的铜牛，话说这头铜牛曾经也是很受伤，此话怎讲呢？因为这头铜牛的尾巴让人锯断过。

在同治元年（1862 年），有一个叫张八的，原本是圆明园的园户，属内务府正白旗。

有一天这个张八带着一个叫王十的人潜入了颐和园，趁四下无人之时，锯断了铜牛的尾巴，卖了废铜。结果案发之后，张八被拿获，经刑部审讯杖责一百，流放两千里，并在脸上刺上了“盗官物”三个字，同时消除旗籍，交大兴县编入民籍。

到了光绪年间，铜牛的尾巴被重新接好。直到 1967 年，铜牛的尾巴又因为松动被取下来保存，1975 年 9 月再次焊接修复。

当您去游逛颐和园的时候，不妨仔细观察一下，看能不能发现铜牛的尾巴是后接上去的。

刚才说了铜牛镇水的寓意，其实它的另外一个作用还是很科学的，就是起到水位线的作用，用铜牛作为参照物，古人就知道昆明湖的水位比紫禁城高了多少，这样便可以随时采取措施了。

除了以上说的那些，当年在乾隆年间还让铜牛蒙上了一些浪漫主义色彩。昆明湖东岸的铜牛代表的是牛郎，而昆明湖的西岸有“耕织图”，那代表的是织女，昆明湖就是天河，这一切其实只是乾隆身边近臣的附会之说，为的是讨好乾隆，但后来从乾隆的御制诗中可以看出，他本人也认可了这种说法。

这种自我陶醉的玩法继乾隆之后又传到了慈禧那儿。慈禧是女的，于是她便自比王母娘娘，她还命人在颐和园石舫的旁边建了织女亭，暗合了中国那个古老而凄美的传说。

第一次听到黑猴这个名字还是儿时住在菜市口官菜园上街的时候，我家离烂漫胡同很近，那条胡同的北口有一家黑猴百货，记得他家门口摆着一只石猴，之所以是黑的，那是因为日久年深被人摸黑的，后来再长大点才知道北京城的黑猴百货何止这一家啊！如若追根溯源的话就要说到鲜鱼口里的黑猴百货了，至于这黑猴到底是什么来历，黑猴百货又是怎么起家的，在老北京有一段广为流传的故事。

传说在明朝的时候，北京的西山住着一家猎户，两口子相依为命，没多久家里又添了个儿子，一家人的小日子过得还算舒心。孩子从小就跟着父亲学打猎，可是就在这孩子刚长大成人的时候，老猎人死了，这下就只有娘儿俩相依为命了。

这孩子倒是从小就和父亲学了一身打猎的本领，于是每天还是进山打猎养着母亲。可是有这么一年，母亲突然身染重病，看病得花钱啊！可是这家里又没什么积蓄，于是这小伙子就想："要想给母亲治病，老是打些狐狸、兔子这可不行，卖不出大价钱，

我得往深山里走走，打一些奇珍异兽，这才能卖个大价钱给母亲治病。”这个时候可正是数九寒天，外头漫天大雪，进深山十分危险。

这一天小伙子像往常一样要去山里打猎，但是母亲发现他带了好多的干粮，觉得不对劲，便问他：“你这是要干什么去啊？”小伙子一看也瞒不住了，于是实话实说，母亲一听可就着急了，小伙子安慰道：“娘！没事，这山里我从小就跟我爹走，熟门熟路，绝对万无一失！”

在小伙子的苦苦恳求下，母亲终于算答应了，这也是孩子的一片孝心嘛！但是临走的时候为娘的还得嘱咐几句："早点儿回来，别太往深山里走！"就这样小伙子进了深山，结果还真有意外发现，他看到了一只黑色的猴子，全身的毛油光锃亮的，两只眼睛金光闪闪，小伙子悄悄地搭弓射箭，把这黑猴射死了，拎回城里就打算卖个好价钱，可是去了好几家皮货庄，人家都不认，说这就是一块猴子皮。

小伙子垂头丧气地奔家走，就在这个时候，他突然听到身后有人叫他："你这块皮子卖吗？"一听这话小伙子顿时来了精神，他转头一看是一位白胡子老头，小伙子问道："您出多少钱？"老爷子微微一乐，说："你知道这是什么吗？"小伙子摇摇头，老人说："这东西叫墨猱，可是奇兽啊！它的爪子十分厉害，可以抠开老虎的天灵盖，吃老虎的脑子，别看它个头不大，却是老虎的天敌！"

小猎人简直听入迷了，心想这肯定值大钱啊！于是便问："那您打算出多少钱？！"老头又是微微一乐："这么好的东西，我哪儿买得起啊！"一听这话，小伙子的眼睛里闪出了一丝失望的神情。老头一看，忙说道："没关系，我买不起，但是我可以给你介绍买家啊！我认识一位官爷,他肯定要你这东西。"小伙子一听，又来了精神，说："这当官就是趁钱啊！"老头说："哪儿啊！

你知道吗，这墨猱皮黑得发亮，皮毛顺滑，这要是做成帽子，那是雨雪不沾啊！那位官爷老琢磨着孝敬皇上点儿东西，作为以后晋升的本钱，可他就是苦于找不到奇珍异宝，如今你手里有一块墨猱皮，他当然舍得花钱了。”

小伙子卖了墨猱皮赚了大钱，把母亲的病治好了，而且还自己开了个买卖，因为是卖了“黑猴皮”得的本钱，所以店名就叫“黑猴”了。

不过这只是一则传说，实际上黑猴毡帽店是明末一个叫杨小泉的山西人开的买卖。他有做毡帽和毡鞋的手艺，于是在鲜鱼口开了店，因为他养了一只红眼睛的黑色猴子，在店里非常吸引人。而且这只黑猴还会爬高帮着杨小泉拿货，晚上还能帮着看店，所以久而久之大伙就管这家店叫“黑猴毡帽店”了。后来杨小泉去世了，黑猴也死了，他的后人杨少泉就请来能工巧匠做了一只木头黑猴摆在了店门口当幌子。

到了清朝的时候，一个叫田老泉的人在黑猴毡帽店旁边也开了一家帽店，他也在自家门口摆了一只木雕的黑猴，大伙管他这家叫“田老泉黑猴帽店”，从此两家黑猴帽店在鲜鱼口较上了劲，但结果却是田老泉善于经营，所以后来者居上。

1956 年公私合营，两家黑猴被合并了，据说两只黑猴其中有一只现在被保存在了首都博物馆里。

狮子守门在北京似乎已经成了一道大家习以为常的景观，但是这道景观在古老的帝都也被赋予了森严的等级制度，这个规矩最直观的体现就是狮子头上的发髻，也就是毛卷儿。一品官的衙府门前的狮子头上有十三个发髻，这叫十三太保，从一品官往下，低一级就少一个发髻，二品十二个发髻，三品十一个发髻，四品十个发髻，五、六品都是九个发髻，六品以下的官员府邸门前就不许摆放守门的狮子了。

既然摆放狮子的规矩如此严明，那最有资格摆放狮子的地方非皇上家紫禁城莫属了，但是如果问您故宫里有多少狮子，也许大家就不是太清楚了。

首先，去过故宫游玩的朋友就没有不知道太和门前那对铜狮子的，几乎所有关于太和门的画面都要以那对铜狮子作为前景，那对铜狮子高约 2.4 米，底座长 2.76 米，宽 2 米，它们可以当之无愧地称为中国最大的铜狮子。这倒是不难理解，太和门和太和殿是一组建筑，这是中国明清时期权力的中心，每逢重要朝会或是外事

活动才会启用太和殿，作为给封建王朝守护大门的狮子当然要高大威猛了。而且这对狮子在紫禁城的众狮子中算是最简朴的，此话怎讲呢？因为它们并没有鎏金，而是青铜本色，这倒不是因为技术不够，实在是因为鎏金虽显华贵但不及青铜本色的狮子庄严肃穆。

长春宫是故宫内廷的西六宫之一，明朝永乐十八年（1420 年）建成，这里也是明清两代后妃居住的宫殿。清朝末年，慈禧太后在同治皇帝亲政之后曾经移居到了长春宫居住，后来的光绪皇帝和末代皇帝溥仪的妃子也都住过长春宫，所以才在此陈设了一对鎏金的铜狮子。长春宫门前的鎏金铜狮子之所以出名就因为它占了一个“小”，通高不到两尺，造型精美又不失可爱，而且还罩在铁笼子里，活像两只小狮子狗。至于为什么用铁笼子罩起来，其实并不神秘，就是因为鎏金的铜狮子怕摸，摸得多了金色就掉了，所以为了保护它们，才加的这层铁笼子。

故宫里一道乾清门分隔开了皇帝的办公区和生活区，前为金銮殿，后为乾清宫。而乾清门前的那对鎏金狮子也成了最有眼力见儿的狮子，这话怎么讲呢？这对狮子的造型，低眉顺眼的，因为乾清门以内是皇上的内宅，也称为大内，在前朝讲的话那都是国事，就是让天下人听的，可是在大内讲的话备不住就有私房话了，而且即便有大臣被召进大内训话，那也是皇上不想在大庭广众之下说的话，所以这对狮子耷拉着耳朵和眼皮，就是告诉人们，进了这道门，不该听的别听，不该看的少看。还有一种说法，说大内是皇帝的生活区，皇上进了大内就该卸下国事、享受生活了，所以这对狮子表情轻松，也是在提醒皇上要劳逸结合。

故宫的宁寿宫原本是为乾隆退休后养老的地方，谁承想，这位中国历史上最长寿的皇帝，当了太上皇却让位不让权，继续住在养心殿。不过后来的慈禧却着实在宁寿宫里享过福。而宁寿门前的鎏金铜狮子是乾隆皇帝下旨让造办处把宫里两架破旧的天文仪器熔掉做成的，一共用去了六千多斤红铜，而且是五次鎏金，光金子就用去了三百多两。这真是名副其实的废物利用。

如果够细心的朋友进入宁寿宫便会发现，这里的建制和乾清宫出奇地相似，确实，这里就是按照乾清宫的规制修建的，每每我游览故宫的时候最喜欢去的便是宁寿宫，因为进这里要单花十元的门票，但就是这十元却让这里清净了不少。

在宁寿宫观赏完了珍宝馆的珍玩，我必要信步来到乾隆花园，个人觉得这里比御花园更有意境，每每坐在古华轩内吹着迎面而来的凉风，总会揣想，当年的乾隆皇帝在此都是如何赏玩的呢?出古华轩向北有一道垂花门，这个门口也有一对狮子守门，不过它的材质是石雕的，而且个头不大，想来皇家的气度和雅致都是来自古人的文化积淀，不同的场合装饰的手法截然不同，就好比这乾隆花园，一对石狮子，在院中毫无突兀之感。

刚才说了太和门、长春宫、乾清门、宁寿门和乾隆花园的守门狮子，除此之外，在故宫的养心门和养性门前也各有一对铜狮子，这么一算下来，故宫里守门的狮子一共有七对。

除此之外，故宫里还有一只最诡异的狮子，它就是雕在武英殿旁断虹桥望柱上的一只石狮子，这只狮子一只爪子捂住裤裆，一只爪子挠着头，表情痛苦，说到这件事还和一位皇子有关。

奕纬是道光皇帝的长子，他从小最烦的就是念书，老师就教育他："你要好好读书，你父王很看重你，将来你很可能就是皇位继承人，没文化怎么当得了好皇帝呢？"奕纬这孩子也倔，听老师教育他，他还急了，说："我当了皇上，先杀你。"老师把这事告诉了道光皇帝。道光皇帝听后龙颜大怒，把奕纬叫了来，奕纬刚跪下，道光照着奕纬裆下就是一脚，没想到这一脚踢狠了，几天后奕纬便死了。

而故宫武英殿旁的断虹桥的柱头上有只石狮子的形态和奕纬被踢时的样子一模一样，一手挠头，一手捂裆，后来大家怕道光皇帝经过断虹桥的时候看到这只狮子会想起儿子，所以一度用黄绸子把这只狮子包起来了。您要说这是传说吧，可是历史上奕纬还真就是让道光皇上踢死的。

这故事您听着诡异吧？还有更诡异的呢！这断虹桥是元代的石桥，死的皇子是清朝的皇子，也就是说元朝的石狮子预测了清朝皇子的死亡方式。说到这儿还有一个疑点不知您注意到没有，故宫是明朝永乐年间修建的，里边怎么会有元朝的石桥呢？其实这个断虹桥啊，就在武英殿边上，据考证断虹桥是元朝中轴线上的一座石桥，明朝修建紫禁城的时候就把断虹桥圈在了皇宫里边，不过由此也可以看出明清中轴线要比元代往东移了几十米。

而且断虹桥还和我们看的古装电视剧里一句大家耳熟能详的台词有着紧密的联系，就是"推出午门斩首"，这是电视剧里的皇上杀人之前惯用的说法。其实历史上午门前不是杀人的地方，您想啊，午门是皇上家的正门，堵着门口杀人，皇上也忌讳啊！所以大臣被判了死刑都是走紫禁城的西路，要经过武英殿的断虹桥，然后拉出西华门，明朝奔西四、清朝奔菜市口这才开刀问斩。据说被判了死刑的大臣被拖出紫禁城也会一路喊冤求饶，但是只要过了断虹桥那就只有死路一条了，故而民间把断虹桥也称为断魂桥。

当然，这只是民间的说法。那为什么叫“断虹桥”呢？因为这座桥原本是元大都皇宫中轴线上的周桥，并排共有三座，级别很高，明成祖朱棣修建紫禁城，把中轴线东移，周桥的地位大打折扣，但因为桥下有河，所以桥是必不可少的，于是把元朝的三座周桥，拆去左右两座，只留中间一座。

在古代，“虹”的意思是“虹梁”之意，也就是现在所说的虹形桥梁的意思，原本的三座周桥拆去两座，所以取名“断虹”。

八大处的黄金坑

北京西山八大处，因为八座古刹而得名的地方。园中最早的证果寺，据考证始建于隋唐时期，距今已有一千多年历史了。其实回溯八大处的历史，这里何止八座寺院呢？而今漫步在八大处公园的山间小路，时而还可以看到隐迹在山林里长满青苔的佛塔或是孤独矗立的山门。

八大处的四处大悲寺，在 2011 年 1 月 18 日正式成为了石景山佛教协会所在地。把寺院还给出家人总归是好事。八大处我倒是常去，以前除了二处灵光寺是中国佛教协会的所在地，其余的寺院都是旅游景点，香火倒是旺盛，但是总给人神神叨叨的感觉。

上一炷香、燃一盏灯，动辄就几十甚至几百元，也许是贪念的驱使，愿意掏钱者倒也比比皆是。那样的寺院，燃香不再是心香一瓣，而是瘴气逼人，佛陀在乌烟瘴气中听着所谓的信徒一遍遍祷告着自己的私欲。这样的高香其实不烧也罢，因为那已经形同在佛陀面前行贿，毕竟佛陀不需要世人的讨好。

而今大悲寺里住进了出家人，立刻显得肃穆庄严了许多。其

实在寺庙里烧香拜佛用时下的话说，这倒是副业，殊不知在佛教里寺院建立的初衷是学习的场所，换句话说所有的寺院都本是佛学研习所。我们熟知的唐僧西天取经，并不是拿了经书就回到了东土大唐，而是在那烂陀寺学习了五年之久，由此可见寺院的本

职工作是修习佛法的学校。

自从大悲寺有了出家人和诵经念佛之音，少了那些在我看来迷信的“游戏”，游客反倒是少了许多，也许大多数进入寺院的人都是为世间利益匆匆而来，而在此静心小憩的却寥寥无几，不过这样的氛围我倒是很喜欢。

大悲寺相传始建于宋辽时期，原名叫“隐寂寺”，细细品读这三个字，便可想见当年那仙境缥缈的感觉。穿过大悲寺的山门殿，小院中左右便有两池翠竹，面积不大但足够雅致，尤其山风吹过，耳畔的竹韵松涛总也叫人听不够，只走到这里心就静了下来。

拾级而上，登上高高的台阶路就是大悲寺的大雄宝殿了，这是寺院里最高规格的建筑，因为供奉着佛教的创始人释迦牟尼佛。也曾有人问我，佛教不是讲究众生平等吗，那为什么供奉佛祖的殿堂要比寺院里其他殿堂的级别高呢？这岂不是不平等吗？其实不然，我们想想，释迦牟尼在世时可有大雄宝殿吗？没有啊！这是后人为表达感恩之情而建，不是佛祖的本意啊！所以万不可以凡人之心度佛祖之腹。

穿过大雄宝殿就是大悲寺里我最喜欢的一进院落了——观音殿，在殿前左右两侧有两棵参天的古银杏，被石栏围在其中，据说树龄有八九百年了。中国的寺院喜欢种银杏树也是有来历的，两千多年前的一个夜晚，佛祖释迦牟尼就是坐在一棵菩提树下开悟成佛的，而后菩提树便被佛教视为圣树。但是尼泊尔属于热带季风气候，菩提树到了中国难以成活，所以中国的寺院便用树龄较长的银杏树代替了菩提树，从而银杏成为了中国的“菩提树”。银杏树因为树龄长，通常一棵银杏树苗栽种下以后，种树之人都当了爷爷，有了孙子，这棵银杏树才长成材，所以民间也管银杏树叫“公孙树”。

再说大悲寺观音殿前的这两棵银杏树足以遮住整个院子，夏天小院里凉爽宜人，秋日则更加美丽。北京的秋在我看来是四季中最美的，而这美也有银杏的功劳。每到秋日，大家都会寻觅银杏落叶的景致，于是钓鱼台的东墙外、雍和宫的甬道、大觉寺的千年银杏都成了北京秋日的美景，殊不知在八大处这山林掩映间的小寺也有这般美景。每到秋日，大悲寺银杏的黄叶铺满了整个小院，踩上去软绵绵、沙沙作响，再加上秋日的阳光照在这满地金黄的落叶上，把四周的房屋都映得金灿灿的，显得暖融融的。

说到这两棵银杏在老北京还有一段“黄金坑”的传说呢！皆因为每到深秋，一夜秋雨几阵秋风过后，这两棵银杏的叶子洒落一地，厚厚的一层，既好看又软乎，因此吸引了大批的香客、游人在树下或躺或坐，孩子们则在铺满树叶的树坑里打闹嬉戏，于是老北京人都把这块地方叫“黄金坑”。

可是事情说来凑巧，黄金坑里还真出了“金”。话说有一天一个母亲带着孩子来八大处秋游登山，走到大悲寺的时候正好在“黄金坑”里歇歇脚，孩子就在一旁自己玩耍，谁知道这孩子在无意之间竟然从落叶堆里摸出了一枚铜钱；其实金额并不算大，要是在别的地方捡到一枚铜钱也就算了，可是在寺院里捡到钱，人们都会想到这是佛菩萨的眷顾，于是母亲对孩子说“快去给佛祖烧炷香磕仨头吧！以后保佑你发大财”。其实想来也许无非就是哪个游客丢在这里的钱，可是这件事最后一传十、十传百的可就传走了样，竟然说这孩子就是观音殿里那个善财童子的化身。

这么一来，想沾福气的老百姓是越来越多。为了聚拢人气，大悲寺里的僧人也想了一个办法，他们会定期地往落叶堆里撒一些铜钱，一来香火旺盛了，二来也给捡到铜钱的人以心灵的慰藉，这是双赢的好事，从此八大处大悲寺的黄金坑倒真是名副其实了。

如今在黄金坑捡到钱的概率倒是不大了，而且知道这个典故的人也越来越少。北京这座古城就是这么多样稀奇，不了解它，会觉得它枯燥乏味，一身的老气横秋，你若了解了它的历史掌故，会发现它总会层出不穷地给予你惊喜和回味。

法源寺佛像三绝

法源寺应该是我人生中见过的第一座寺院，因为儿时就住在附近的南横街，每每从法源寺门前经过，都觉得法源寺异常的冷清，因为二十世纪八九十年代好像全北京寺院的香火远没有如今旺盛，所以那时法源寺的山门总是闭多开少，偶尔零散地从山门的缝里侧身挤进挤出些人，那时觉得它无比的神秘。

真正看的第一本关于法源寺的书，则是李敖的那本《北京法源寺》，因为那时这本书炒得沸沸扬扬，好像李敖因为它得了诺贝尔奖的提名，但其实这本书只是以法源寺为背景写了戊戌变法那段历史，与寺院本身的关系并不大。

法源寺可以说是北京城里最老的寺院，始建于唐朝，但是现在寺院里目光所及的建筑基本都是清朝重修的了，寺院的出家人告诉我，也只有如今大雄宝殿里那两块莲花瓣的柱础石极有可能是唐朝的了。

法源寺佛像众多，且都是做工精美的文物，但有趣的是这些佛像基本都不是本寺的原物，而是东拼西凑、汇聚一堂的。说到法源寺最有代表性的佛像非四面毗卢佛莫属了，在法源寺悯忠阁的后身有一座毗卢殿就是专门供奉这尊佛像的，这是一尊明代铜质的毗卢佛像，高 4.58 米，共分为三层：下层是千朵莲瓣的巨座，每一个莲瓣上都铸有一尊小佛像；中层为东南西北四方佛，分别是东方阿閦佛，南方宝生佛，西方阿弥陀佛，北方不空成就佛；最上层则为毗卢佛像，庄严肃穆，佛像头顶已经越过了房梁，这尊佛像做工之精细，可以说是当之无愧的镇寺之宝。

而同在毗卢殿里，靠着东墙的玻璃柜里供奉着一尊最神秘的佛像，那是一尊明朝铜质的千手观音像。关于这尊菩萨像的来历，寺中的僧人也说不清楚，甚至有传言说这是当年从西藏迎请来的佛像，具体是什么年代无从知晓，反正应该是古时候。观音信仰在中国影响极其广泛，有“家家阿弥陀、户户观世音”的说法，而千手观音的造像在汉传和密宗佛教里都有，关于千手观音的来历，传说多于史实，我觉得佛像的第一要务是表法，千手观音生出一千只手臂，每个手掌上还有一只眼睛，他本来是体现观音菩萨大慈大悲，遍观三千大千世界，寻声救苦度群迷的，也可以把那一千只手理解为友爱之手、援助之手，其实佛像的本意是教育人们伸出友爱的援手帮助别人。

这尊观音像由于年代久远，铜锈斑斑，但仍看得出其手工艺极其精湛。最神秘之处就是这尊千手观音像身上会自然流出甘露，长年不绝。据寺中老僧口述，最初是 1989 年发现这尊菩萨像流出甘露，把铺在下面的绸缎都沾湿了。据寺中猜测，这尊观音像或许一向有甘露流出，只是没人留意罢了。在 1989 年，由于甘露流出的太多，才被人发现了这个奇异的现象。甘露最多的时候流到了地面，这到底是因为什么，到现在也是寺里的未解之谜。很多人试图去解释，说因为是夏季潮湿，观音像是铜质的，本身温度低，水汽遇冷会凝结。这似乎非常有科学道理，但也有解释不通的地方。首先，法源寺铜质佛像众多，为什么只有这尊铜观音像会滴水呢？其次，供奉这尊观音像的毗卢殿常年都是开着大门的，而且殿中没有空调，因此不会和殿外产生多大的温差，又哪来的水汽遇冷凝结一说呢？也许这一现象终将会被解释出来。

法源寺的最后一进院落是法堂，法堂是一座两层五开间的建筑，楼上现在不开放，只有楼下是可以参观的，但这也是几年前的事儿了，最近几年再去法源寺，发现法堂一直关着大门，隔着窗子往里张望，里面已做仓库使用，至于什么时候能再开放就不得而知了。

1982 年的时候，有一尊卧佛像被移到了法源寺，就供在了法堂的一楼，而且这尊卧佛还是北京现存最大的一尊卧佛。香山卧佛寺的卧佛在北京名气不小了，那尊卧佛是元朝时铜铸的，全长是 5 米，法源寺的这尊卧佛是明朝景泰年间木雕的佛像，全长是 7.4 米，比香山的卧佛像长出了 2.4 米。

这尊卧佛本不是法源寺的原物，崇文区花市东斜街的五十九中，早年间是北京一座很有名的卧佛寺，这座寺院始建于明朝，最初叫云盖寺，就因为寺里有一尊大卧佛很是有名，所以久而久之大家就管这儿叫卧佛寺了。清朝乾隆三十一年（1766 年）卧佛寺重修，相传在寺院的西廊子下边有一口明朝正德年间的铁钟，声音非常地清脆，所以一度把寺院改叫了妙音寺。

据说当年花市的卧佛寺里有两绝，一是进了山门之后有一座圆形的大殿，造型很独特，殿里供奉的是阿弥陀佛的站像，还有一个就是后殿里供奉的一尊巨大的木雕卧佛像。后来花市卧佛寺被五十九中占用，这尊卧佛先是在新中国成立以后移到了西直门外的大慧寺，而后才在 1982 年移到了法源寺。卧佛其实表现的就是佛祖释迦牟尼涅槃时候的样貌，身体右卧，头枕右臂；但是法源寺这尊卧佛却有与众不同之处，佛头与右臂之间有一条缝隙，也就是说头并没有枕在右臂上，据寺中僧人介绍，这尊卧佛像的灵动之处就在于此，它表现的是佛祖在似卧非卧之间的状态，可称是佛像中的一绝。

把

玩

狗和人类的渊源确实颇深。如今生活条件好了，养狗的家庭日益增多，恨不得都把狗当成了家里的一口人，最直接的体现就是以前您在报纸上看见个寻人启事不算新鲜，现如今您要是在报纸上见着个寻狗启事也别觉得惊奇，还有那些抛弃狗的、虐待狗的，一经曝光免不了招来各方的口诛笔伐。

别的地方咱不说，就单说老北京也有很多和狗有关的趣闻故事，不过这些故事不光是爱狗如命的，甚至有奉狗为神的，当然也有偷鸡摸狗的、杀狗吃肉的。

说到狗，咱得先弄明白一个问题：狗和犬是一回事吗？您该说了，这不是废话吗？要是废话我就不提它了，您记住喽，十八个脚趾的这是狗，二十个脚趾的这是犬，犬在后腿上比狗多了两个不着地的脚趾头，北京话管这叫“后撩儿”。不过这可不是北京人自己胡诌的，在《说文解字》里就有明确记载：“犬，狗之有悬蹄者也。”

一说到老北京的标准生活图景总避不开这么两句话：“天棚

鱼缸石榴树，先生肥狗胖丫头。”这样的生活在老北京也不属于底层老百姓，起码得是个小康之家。为什么这里一定要加上肥狗呢？其实这也是为了表示生活的富足，您琢磨琢磨，连狗都吃得滚瓜溜圆，这家人的生活水平还差得了吗？

电视剧《大宅门》估计各位都有印象，白七爷一辈子敢爱敢恨，这似乎成了他媳妇多的一个合理解释，其中七爷有个媳妇叫香秀，您记得她是怎么进的大宅门吗？当初她就是二奶奶找来的一个抱狗的丫头，这可不是郭宝昌导演的杜撰，当时老北京的大户人家就是这么讲究。现如今养狗的人觉得给自己的狗做个宠物美容花个几千块就了不得了，殊不知百十年前，爱狗之人都已经给狗请专职保姆了。不过话说回来，白家再大那也只是宅门，比起宫里养狗的气派，那又是小巫见大巫了。

日理万机却对狗用情专一——雍正皇帝

雍正，清朝历史上争议颇多的皇帝。有人说雍正很忙，在位十三年，御笔朱批奏折达几千万字。有人说雍正腹黑，九子夺嫡他不显山不露水，可上位之后对亲兄弟痛下杀手。

其实雍正还很专情，尤其是对狗，据说雍正养狗已经不简单地满足于和狗的交流互动上了，而是进一步迷恋上了宠物用品DIY，尤其钟情于做狗衫和狗窝。当时雍正在紫禁城里养了好多条狗，但是有两条狗是他最喜欢的，一只叫“百福”，一只叫“造化”，这俩名字也都是雍正御赐的，他曾经为“造化”设计过一款老虎样式的狗衫，而且还是套头衫，做好之后给“造化”一穿，哪儿都挺好,就是美中不足,这小老虎的套头往“造化”头上一套，狗耳朵窝在里头实在是难受，皇上一道圣旨——改！于是在老虎的套头上掏俩窟窿,把“造化”的小耳朵露出来,这么一来“造化”也舒服了，雍正也高兴了，整天看着这只披着虎皮的狗颠来跑去，皇上心里甭提多有成就感了。

有了第一次当服装设计师的成功满足感之后，雍正的瘾头越来越大，接下来他要为自己的另一条狗“百福”设计一款更加高难度的狗衫——麒麟衫。咱都知道，这麒麟长得可是够复杂的，又是犄角又是蹄子，还外带着满身的鳞片。具体是怎么做的咱们也无从知晓，反正最后是研制成功了。看来雍正无论是对于国事还是闲篇儿，还都有个钻研劲儿，而且还不像其他皇帝那样玩物丧志，他是劳逸结合两不误，就冲这一点还是值得肯定的。

刚才说的那两件狗衫都是丝绸缝制而成，据说除此之外，雍正还多次下令用老虎皮、猪皮、豹子皮做过好几身狗衫。这事是真是假暂且不论，不过有时候碰到一个过于有创意的主子，这狗也够遭罪的。您想啊，一来这狗本身就有狗皮，外头再裹件皮大衣这还不得活活儿热死啊！这还不算什么，咱都知道狗的嗅觉是最灵敏的，让它穿一件老虎皮缝制的狗衫，那还不得把小狗吓死啊！

雍正皇帝不光亲自设计狗衫，还亲自负责小狗的家居装修，他曾经就下令做狗笼、狗窝、狗垫等等各种用具。雍正六年（1728年），他曾命人制作了一个精巧细致的小圆狗笼子。狗笼子是用竹子做骨架，上边罩的是一层西藏产的氆氇布，笼子底是用纯羊皮铺就而成，能有这般待遇，就像小狗的名字一样，当上皇上家的狗，真是——造化啊！

只管玩儿不管养，捡现成儿的——慈禧

清朝历史上，慈禧爱狗也是出了名的。现在人养狗，条件一般的在家里给狗买一个狗窝，住房宽敞点儿的把阳台就分给狗住了。可是当年慈禧养狗，愣是弄了三个养狗处：一处在御花园，一处在东华门内的东三所，这两处因为在紫禁城内，所以叫作“内养狗处”；还有东华门外的南池子大街有一个“外养狗处”。当年光是内养狗处就养了一千多只狗，而且皇家的养狗处绝不是一排排低矮的狗窝，而是拿整间房子用来养狗，里边还得是精装修的。养狗处专门有太监负责，他们的官称叫“狗监”，想必谁要是当着这官可也够窝心的。

皇家的狗，每只都是拿俸禄的，当然狗是不识数了，于是俸禄就交由狗监们支配，主要的花销就是养狗、训狗的开销。因为狗不会说人话，所以那些朝廷拨给狗的俸禄免不了让狗监们中饱私囊一部分，但是也不能太贪，狗要是养不好，老佛爷怪罪下来兴许也是要出人命的！也许您会说了，狗能花多少钱啊？！下边我就给您说说皇上家是怎么养狗的。

现如今养狗的人家，即便是再精贵，顶天也就是喂高级进口狗粮，下边咱就说说慈禧的狗平日里都吃些什么。日常饲料是肉糜，糜乃粥也，也就是说把肉熬成肉酱喂狗。您先别鄙视，这还没完呢！每隔数日另饲以牛羊狍鹿等肉脯，饮料是用鸡鸭鱼制成的肉汤。在那样的旧社会，穷人也许一辈子都不知道肉是什么味儿的，可是慈禧的狗见天儿吃肉能吃到伤。

吃饱了还得洗白白哪！狗监们必须每天都给狗洗一回澡，用的澡盆是金玉制成，盛上温水，还要在水里点上花露水，狗监为狗得按摩清洗，洗完之后擦干，还要喷上香水，最后在狗脖子上系上一串金铃儿，这才抱到慈禧面前让老佛爷赏玩。这和晚上给皇上献妃子可也差不多了。

慈禧见到狗之后是喜爱有加，一定要好好地抱抱摸摸，据说更过分的是慈禧还会和狗来一个法式的接吻，卫生不卫生暂且不提，想必整个大清朝敢与老佛爷有如此举动的非狗莫属了。

狗监除了给狗洗浴之外，还要负责给狗整容。我们看到很多慈禧的照片都是有狗相伴的，而且慈禧喜欢京巴，这种狗有一大特点就是脸平，为了达到这个效果，狗监们也有辙，用一根木棒，上头挑一片薄肉片，挡在狗的面前，狗要想吃到，只有使劲儿抿嘴才行。时间一久，狗脸自然越来越平。当然这纯属传说，因为狗的长相和品种、基因有关，与这种所谓的后天训练是没有关系的。

不过慈禧爱狗却不像雍正那样，雍正帝是治国养狗两不误，慈禧则有些玩物丧志，慈禧的御前女官德龄在她的《御香缥缈录》中就写道：“一天上早朝前，一个太监撞进来，跪在地上向‘老佛爷’报喜：黑宝玉生了四只小狗。慈禧竟然兴奋得连上早朝也没有心思，大臣们即使启奏关系国家兴亡的大事，她都草草了事，退朝后急匆匆去狗房探望小狗。”

慈禧如此爱狗，那些狗监伺候起慈禧的狗自然要格外小心。狗监对狗与其说是看管不如说是侍奉，虽然狗不会告状，但是狗监对这些狗也是不敢轻易打骂，真要是慈禧的狗在他们手里有个三长两短，那奴才的狗命可就真得搭进去了。

把狗喂饱喽，洗干净喽，那只是皇家养狗的基础，接下来还要遛狗、训练狗。从这个过程中您更能看出，在皇上家，有时候奴才不如狗。狗监们遛狗，与其说是人遛狗不如说是狗遛人，现在您家养的狗要是出去遛，是您拿绳子牵着它，它跟着您走，可是狗监们拿着遛狗的绳儿，那完全是在屁股后头跟着狗走，合算是拿京巴当了导盲犬了。咱都说打狗还得看主人呢，那是慈禧的狗，别看是畜生，可是在狗监面前它也是主子。

接下来训练狗就更难了。慈禧喜欢狗，可是她自己不亲自养，平日里都是由狗监们养着，咱都知道狗是最认主人的，但是把狗抱到慈禧面前，这条狗必须要听慈禧的话，还得对慈禧够亲热，这有多难，估计养狗的朋友都有感受吧！至于当年太监们是怎么调理这狗的,还真没人说的清楚,但不能否认,这可真是一门技术。

慈禧的狗除了听话，还会演个小节目，转个圈、作个揖、直立行走这都是小意思。可是狗再听话毕竟是畜类，北京有句话叫——狗怂脾气，这狗也是说翻脸就翻脸，有的时候狗实在是不听话，再赶上慈禧这个人也喜怒无常，于是抱起狗就往地上摔，有的狗则直接就被摔死了，一看狗死了慈禧又后悔，这个时候养狗的太监可就倒了霉了，往往是被拖出去一顿廷杖。

狗的忠诚人尽皆知，网上经常有这样的新闻，某地拆迁，主人遗弃爱犬，小狗守在废墟寸步不离，甚至饿死。其实这样感人的事情在清朝宫廷里也曾上演过，1900 年八国联军入侵北京，慈禧带着光绪西逃，临走时也没忘了指使崔玉贵把珍妃推入井里溺亡，而当八国联军进入紫禁城后，没发现井里的珍妃，倒是在皇宫的角落里发现了很多狗的尸体，据说这是因为皇帝不愿让它们落入敌人手中，下令杀死的。

紫禁城里最后一个爱养狗的皇帝当属溥仪了，他也是大清朝的最后一位皇帝。溥仪在 1924 年被赶出皇宫以前，曾经在皇宫里养了 100 多条名犬，而且他尤其喜欢大型猎犬。曾任溥仪御前外任随侍的周金奎就回忆说 :“1924 年 3 月我当了上差，当时宫里养着一百多只狗，每天喂的都是猪肝、大米饭之类……溥仪有两只警犬是他最爱的，一只叫佛格，一只叫台格。台格身体硕大，额上有一王字。佛格性机敏，溥仪叫人把东西埋在地下，或交给某个人，这条狗都能找回来。溥仪常以狗拿人取笑，有人从养心殿门口经过，他有时令佛格率领群犬向人扑去……吓得人半死，也有时将人咬伤。溥仪做这种恶作剧只为开心，并不介意，无非是给几个钱，被咬的人还不敢说什么。”

皇上家养狗多是为了赏玩，民间养狗用处就更多了。老北京有个词叫“飞鹰走狗”，这说的是满人好骑射，每次围猎的时候必带鹰和狗帮助捕猎，而这个狗多指“獾狗”，所谓獾狗指的是经过训练能够逮住獾的狗。那为什么非要逮住獾呢？皆因为这獾浑身都是宝，獾油可以治疗烫伤，獾皮可以做褥子，而且据《吕氏春秋·本味》当中记载：“肉之美者，猩猩之唇，獾獾之炙。”您听听，古人认为最好吃的肉是大猩猩的嘴唇和烤獾肉，也够重口味的。

当然獾肉是否好吃咱们不得而知，但是当时很多八旗子弟，养狗猎獾，北京话叫“逛獾”，并不是为了吃獾肉，而是当时的一种风尚。关于怎么挑獾狗养獾狗讲究很多，咱就不多说了，只说一点，那会儿八旗子弟去围猎带的獾狗一定是公的，您要是养只母獾狗，即便是再厉害也不带玩儿，人家会说您“我们这是咬獾去！不是配狗去！”所以会被人笑话的。

一条好的獾狗从挑选到调教都得费一番工夫，所以当只好獾狗也是有风险的，因为老北京专门有人偷獾狗，都是因为实在是太喜欢了。而且老北京还有句话叫“偷猫摸狗不算贼”，因为他们认为，我是实在太爱这条狗了，即便偷走一不吃狗肉、二不卖狗皮，我好好养着，没准比原先的主人对它还好，所以这不能算是贼。但甭管您怎么说，偷就是偷，不算贼那是您一厢情愿地认为，您问过狗的意见吗？

老北京的一条獾狗要是训练有素那是非常厉害的，但要说狗中之魁首，最厉害的还要数二郎神的哮天犬了，人家能咬得孙悟空都落荒而逃，就因为这只哮天犬，北京城还闹出了狗神事件。

1936 年，在一位美国将军弗兰克绘制的《老北京风俗地图》上赫然出现了狗神庙的字样，就连祖辈生活在此的老北京人都没听说过有这么一座庙，后来大家按图索骥地这么一找，终于真相大白了，原来地图标注的地方是灯市口的二郎神庙，始建于唐朝贞观三年（629 年）。那为什么弗兰克会把这儿写成狗神庙呢？想来也好理解，大殿里供的二郎神是谁一个美国人不认识这有情可原，但是二郎神边上供的哮天犬他可认识啊！于是大笔一挥，北京多了一座狗神庙。

现如今的狗神庙还有一件遗物，那就是位于灯市口大街东口，一家商铺门前的石像了。有人说这就是那只哮天犬的石像。但是从民国的老照片中可以确认的是，这只风化严重的石像，正是当年狗神庙门口的石狮子，这也给后人标注出了当年狗神庙的具体位置。

不过要说狗神庙是美国人弗兰克给瞎起的名字，也许咱还真是冤枉他了，因为在清末老北京有这么一个传说是家喻户晓。话说那是在光绪年间，有一天灯市口的二郎神庙里突然跑进了一条狗，卧在供桌上怎么也不肯走。附近居民便以为这是哮天犬下凡了呢，大家都来烧香礼拜，就这么一传十、十传百大家伙都管这条狗叫狗神了，于是也给二郎神庙起了个小名——狗神庙。

关于狗神庙的奇景不光这一个，在小燕京八景里有一景——回光返照，也跟狗神庙有关。据说每天清晨日出之时，狗神庙总有一缕金光直射殿内，大伙起初也不知道这是为什么，后来纪晓岚在《阅微草堂笔记》里写到，原来狗神庙的大殿和紫禁城的中和殿正好在一条直线上，每天清晨阳光照在中和殿的鎏金宝顶上，正好反射到狗神庙，所以留下了回光返照这一景。现如今狗神庙没了，这一景自然也消失了，但是回光返照这个词还有，可是在北京话里这词儿可不怎么招人待见，人之将死前突然来了精神，这也叫回光返照。

都说人分三六九等，木分花梨紫檀，其实狗也不例外，京巴狗有慈禧宠着，哮天犬被大伙供着，可也有些狗命运就只能用悲惨来形容了。比如老北京有斗狗的习俗，但是参加斗狗的狗都不大，只有巴掌大小，因为可以揣在袖子里，所以叫袖子狗。别看这狗个头不大，脾气可不小，生性好斗，老北京人泡茶馆，经常有人拿出这种袖子狗放在桌上打斗以供娱乐，有时候也外带赌博。但甭管怎么斗，总不至于送了命，可有的狗连小命都难保。

在北京市西城区崇光百货附近有一条大沟沿胡同，在清朝这里叫打狗巷，因为早年间街巷内有打狗、杀狗的作坊而得名。打狗怎么打呢？这就要提到老北京的一个行当了——坐狗的。这些人手法纯熟，见到一条狗，看看周围没有人，于是哈腰从两腿之间用食物诱狗，等狗把头从此人两腿间探出，一手从前按住狗头，一手从后按住狗腿，在狗身上齐腰猛坐，这条狗必死无疑，然后就把死狗围在腰里，外边裹上皮袄，很难被发现。这种人多是以卖狗肉和狗皮为生的，当时这种人也着实可恨，被本家发现也会被揍个半死。

除了打狗巷北京还有狗尾巴胡同，就在西单附近，南起力学胡同，北到太仆寺街，全长 140 米。要说这条胡同其实和狗关系不大，因为胡同曲了拐弯，所以清朝时叫狗尾巴胡同，后来因为名称不雅，1911 年改成了高义伯胡同。

其实北京人的口头语里和狗有关的也很多，比如形容一个人什么都不懂叫“狗屁不通”，其实这是讹传，原本是形容狗没有汗腺，所以夏天都是吐舌头散热，因此叫“狗皮不通”，后来讹传成“狗屁不通”了。再比如“嫁鸡随鸡，嫁狗随狗”，人怎么可能嫁给狗呢？原话是“嫁乞随乞嫁叟随叟”，就是说古代妇女没有地位，甭管是嫁了乞丐还是嫁了老叟，都得跟人家过一辈子。“洒狗血”，这个词大伙太熟了，尤其现如今，哪个电视剧要是剧情狗血，都会成为大家热议的对象，没准因祸得福这部剧还能火一把。其实洒狗血是旧京梨园行的一个词，就是说演员表演不讲分寸，造作，说白了就是演员在台上用过火的表演讨好观众。老北京梨园行最高的表演境界叫“炉火纯青”，欠火候叫“温吞”，过了火就叫“洒狗血”了。其实北京和狗的趣闻说来还有很多，在此就不一一列举了。

旧京鸟人

北京人玩鸟儿是由来已久的，以至于一说到北京的纨绔子弟、少爷秧子都会用到一个词——提笼架鸟，还有就是贝勒手中三件宝——扳指、核桃、笼中鸟。

单就是一个养鸟在北京人手里学问就大了去了。几年前过士行写的闲人三部曲，其中就有一部《鸟人》，人艺演出的时候场场爆满，在整部剧里不但充斥着风趣幽默极具北京特色的台词，而且也讲到了很多养鸟的学问。

北京人从何时开始养鸟还真不好说，但是养鸟到了极致应该是清朝在八旗子弟手里。话剧《茶馆》里松二爷和常四爷第一次出场就是一人拎着一张鸟笼子，您记住！在北京人嘴里鸟笼子不能说是一个，得说一张。两人虽说都是旗人，但是性格做派全不一样，所以玩的鸟也不一样。松二爷是个文墨之人，手中拎的是黄鸟，这属于文鸟一类的；而常四爷身材魁梧，高门大嗓儿，好练两下子，他拎的就是画眉，这是属于武鸟一类的。老舍先生生活底蕴之深厚，在养鸟上也可见一斑，连人物的性格都能通过手

中的鸟笼子来加以佐证。

您也许该说了，话剧《茶馆》我们也看过，那二位手里的鸟笼子自打一上场都罩着布罩呢，压根儿也没看见里边是什么鸟啊，你怎么断言就是一只黄鸟、一只画眉呢？其实对于养鸟的人来说，不用看见鸟，只要看见笼子就知道人家养的什么鸟。

黄鸟笼子矮，黄鸟个头也小，黄宗洛饰演的松二爷拎着这张鸟笼子显得和窑性。咱就说这黄鸟的笼子，那都是有规矩的，北京的黄鸟笼子高 200 毫米，直径 290 毫米，一共有 64 根条，这是老年间留下的规矩，这笼条疏密合适，特别适合观赏鸟，天津的笼子则不然，他们那儿的笼子直径是 295 毫米，您别看就多了 5 毫米，拎起来就是不舒服，您要是不架着胳膊，那笼子老是打腿；而画眉笼子又高又大，画眉鸟个儿也大，走路的时候笼子要甩起来，讲究亮笼子底，郑榕先生饰演的常四爷人高马大，拎着画眉鸟更显威风。

可是鸟为什么也会分文武呢？这文鸟一般都是听叫的，比如黄鸟、靛颏、百灵；而武鸟虽然也会叫，但是还多了一样本事——好斗，比如画眉鸟，斗画眉在我国贵州地区还有这样的习俗，我看到过，画眉斗起来极其惨烈，流血事件也时有发生。

北京人养鸟最主要还是要听叫的。要说听叫那首推的还得是百灵，您听这名字——百灵、百灵，学百鸟都灵。百灵鸟会学的叫声很多，北京讲究十三套大口，也就是让百灵鸟学十三种不同的声音，比如有麻雀噪林、山喜鹊叫、家燕细语、猫叫、母鸡抱蛋、水车声、狗声、大苇莺叫、蝈蝈叫、鹰鸣，我知道的也不是很全，但是这十三套叫的时候一定要按顺序叫，叫错了那叫乱套，鸟就不值钱了。

现如今像十里河这样的市场，卖鸟的店家都会有 CD 盘，里面录的就是十三套，玩鸟之人会买回家去反复地给鸟听，让它学，这叫——压音儿。这说的是眼下，可是您想想在没有录音设备的年代，要想让百灵学会十三套大口得有多难吧！比如学山喜鹊叫，那得早晨天还没亮就起床，拎着鸟笼子出城，找树林子专门等山喜鹊让百灵学它，等到天光大亮，回到城里找个茶馆喝茶吃早点，人的整个生物钟得按鸟的时间调整，这要是没有足够的瘾头，谁坚持得了啊！这还算是好的，学鹰叫那就更麻烦了，城里没有老鹰，即便是出了城也很少能看到鹰，所以养鸟的人就得奔山里，要这样一天可就没法打个来回了，晚上就得住在城外。再有百灵鸟能不怕鹰吗？在自然界里老鹰是百灵鸟的天敌啊！可偏偏要让百灵学天敌的叫声，还得学得惟妙惟肖，那声音叫起来就像是老鹰盘旋在山间一样，空灵嘹亮。还有让百灵学猫叫也是这个道理，鸟看到猫都得惊喽！可是还得让它学会了猫叫，您就说北京人在玩儿上多下功夫吧！

老北京当年到处都是茶馆，其中有些茶馆就是专门为养百灵的人预备的，大家志同道合爱好一样，坐在茶馆里喝茶聊天听鸟哨，谁家的百灵要是学会了十三套大口，在茶馆里当众来上这么一出，那是极其露脸的事，鸟的主人也会被大家伙众星捧月一般地对待。人讲究拜师学艺，鸟也一样，谁家的百灵要是叫得好，必然会有人找上门来要求教他们家的鸟，鸟成了师徒关系，两个主人也差不多成了师徒，逢年过节您也得去人家看望看望。为什么会有这种习俗呢？您想啊，给鸟找个师父，那就省得您自己拎着笼子满处带着鸟去压音儿了，省了多少事呢！

说到百灵鸟，它和别的鸟有一个最大的不同，一般的鸟笼子里面都会有一根木棍，让鸟停在上面，那叫“沙杠”，可是百灵鸟则不然，这种鸟是沙漠里的鸟，沙漠里没有树，所以百灵的爪子抓不住杠，于是百灵笼子的底要铺上沙子，模仿它在自然界生活的环境，底部的中间有一个小圆台儿，百灵鸟落在那上面。玩鸟之人特别在意百灵鸟是不是上台儿，因为叫得再好，老是在台底下叫那还是“票友”，上了台叫那才是“角儿”呢！这叫“台上露脸儿”。

北京人玩鸟其实讲究多极了，有人曾经问我，为什么看见遛鸟的笼子外面总要罩一个布罩子，这里边可有学问了。不光有布罩，而且您要是仔细观察，会发现布罩的颜色还有差别呢！这要是行家，光看这罩子，不用看里边就知道您养的是什么鸟，养红子用白布罩子，养黄鸟用竹色布罩，养百灵用蓝色布罩，这里头都是有学问的。黄鸟喜欢暗一点的光线，用竹色布罩，而且还能防止它学了不该学的叫声脏了口；百灵笼子里铺沙子，用蓝布罩光线更暗，能让百灵安静下来不乱刨沙子。

鸟笼子外头用布罩子其实还有一个最大的作用就是怕鸟惊了，比如百灵鸟最怕的就是红色，在街上遛鸟的时候突然蹿出来一个穿红衣服的，鸟受不了，而且鸟一旦惊了那就废了，所以养鸟的人都是在遛鸟的时候把布罩子放下来，到了个环境适宜的地方，把鸟笼子往树上一挂，这才撩开布罩。除此之外还有就是防止脏口，不能让鸟听乱七八糟的声音，一旦百灵学会了它不该学的叫声，这只鸟也废了。鸟这东西是“日出而作日落而息”，光线一暗它就老实了，所以出门遛鸟得蒙着布罩，老北京人有养鸟极其讲究的，回到家还得把鸟笼子放在空水缸里，盖上缸盖，隔绝一切声音。

百灵这是北京人养鸟的一个大项，此外还有红子、靛颏等等。靛颏最拿手的就是学伏天叫，伏天和知了虽然都是夏天的鸣虫，但是区别很大，伏天个头稍小，而且叫起来也没有知了那么吵人。靛颏鸟学会了伏天叫，夏天听起来不觉得什么，如果进了寒冬，老北京的街上万物凋零，天上飘着鹅毛大雪，主人在家里吃着涮锅子，屋里热气腾腾，这时候把鸟笼子罩撩开，里面的靛颏叫着夏天才能听到的伏天，那是何等的悠哉啊！

北京人玩鸟的学问和讲究其实不是一时兴起而来，这透出的是北京人处事有板有眼，为人有里有面，不光是人，就连手里玩的一只鸟都得训练出规矩来。不过，时代不同了，现如今的人更讲究人与自然的和谐相处，况且现在捕鸟也是违法行为。您要问我喜欢怎么观鸟、赏鸟，我觉得这林中鸟远远好过笼中鸟，而提笼架鸟这一套，也确实该与时代告别了。

北京人喜欢玩儿，也喜欢琢磨玩儿，还能在玩儿的时候琢磨出门道，给玩儿定下规矩。每当小西北风已经刮起来了，老北京人就到了玩儿秋虫的时候了。

记得去年冬天我坐在自己家窗下看着冬景，天色已是黄昏，这本身就是一个令人容易感怀的时刻，我突然来了感觉，在自己的微博上写下了这么一条："怀里揣着蝈蝈葫芦，暖和了它就叫两声。屋里支着铜锅子，涮着羊肉片儿。CD 机里放着马连良的《借东风》。天底下还有比这更美的事儿吗？但是也有美中不足，这要是平房院儿，外头再下着雪，那得活活美死我！"没想到有很多人跟帖评论，似乎在北京城胡同里生活过的人都找到了同感！

北京人的玩儿，不是胡玩儿乱玩儿，玩儿的得有规矩有讲究，也许玩儿的东西本身并不是很值钱，但是要合乎了玩儿里面所有的规矩，那可就值了钱了，鸣虫就是个很好的代表。蝈蝈是北京人最常养的一种鸣虫，夏天商贩们推着自行车，车后架上挂着两嘟噜秫茎秆儿编的蝈蝈笼子，里面满是蝈蝈，家大人给孩子买一

只也就几块钱，权当是个玩意儿，这多便宜。

但是头两年有一部根据老舍先生话剧改编的京味题材电视剧《茶馆》，里边有这么一个情节，松二爷看上了别人家的一只黄金蝈蝈，想要。这蝈蝈也确实好，可是开出的价也好，松二爷虽说是旗人，可这会儿已经没落了，家里没有存项了。人家对方出了个主意，让松二爷用他那只黄鸟换，可咱都知道啊，那只黄鸟就是松二爷的命根子，松二爷最有名的一句台词就是“我饿着也不能叫鸟饿着”，可是他又实在舍不得那只黄金蝈蝈，左思右想之后决定用自家祖坟的地契换人家那只黄金蝈蝈，您说这只蝈蝈贵不贵？！可是话说回来了，这蝈蝈就是再值钱也不能活到八十大寿去，顶多了活半年，可是松二爷为了听这一冬天的虫儿叫，宁肯押上祖坟！这虽说有点艺术夸张，但我相信这种事情在北京人身上不是不可能发生。您看这蝈蝈可便宜可贵，这就全看是不是合乎玩儿的规矩和讲究了。

夏天卖蝈蝈这合乎自然规律，但是大冬天还有卖蝈蝈的，这就得说到它是怎么来的了。北京人管这叫“份蝈蝈”，卖蝈蝈的人专门有“份房”，以前一般都是带火炕的屋子，把火炕烧的温度合适了，上面铺上干草、树枝儿，也有在缸里份蝈蝈的，只要有公有母，温度湿度合适，给它模拟一个自然环境，它就能甩籽。份蝈蝈说起来不难，但是要想份出好蝈蝈也绝非易事。但总归份蝈蝈不是玩家该做的事情，怎么挑到好蝈蝈才是玩家关心的事情。

一只好蝈蝈从外形看要“全须全尾”，也就是从头到尾完整无缺，不能断须子断腿。其实要说断须子对于蝈蝈的寿命或是叫声一点影响都没有，但是北京人讲究啊！您看这蝈蝈的两根须子就像是京剧里大武生头上那两根雉鸡翎一样，显得英姿飒爽，须子断了虽不至于殃及性命，但是像个残兵败将，看着不提气。而且蝈蝈的须子是极易断的，要是哪位买了一只全须全尾的蝈蝈，养到死的时候这蝈蝈都没断须子，那绝对是高手了。再看蝈蝈的头和翅子应该饱满，翅子略高于脊背，翅子要厚，对着光看应该不透亮儿，而且两个翅子的叠缝不能太大。其实说起来挑蝈蝈的讲究还挺多，如果是初级玩家大可以买只二十块钱的蝈蝈先练手儿。

蝈蝈养着其实主要是为了听叫，蝈蝈的叫声也有标准，声音浑厚像人类的男中音或是低音的为上品，要是“叫㿃儿”的蝈蝈就更值钱了，这“叫㿃儿”到底是什么声音我还真不好形容，您只有听了才能真切地感受那音儿。即便是“叫㿃儿”也分“本叫儿”和“点药儿的”，所谓“本叫儿”就是天生的好音儿，“点药儿的”就是在蝈蝈的翅子里点上一种特制的药，点过药的蝈蝈虽说也能“叫㿃儿”，但是价钱就便宜多了。因此由于利益驱使，也有不少商贩把点了药的蝈蝈当本叫儿的卖，而且现在的药还有暗药，一般人根本看不出来是点过药的。其实点药的原理很简单，这个所谓的药并没有任何真正的药效，之所以点在蝈蝈的翅膀上说白了就是增加配重，翅膀的分量一加重，蝈蝈叫起来自然就厚重而缓慢了。不过别看点药有的时候有坑人之嫌，但这也得算是一门手艺，药需要点多少要会把握分量，点少了没用，点多了太沉，这蝈蝈叫不起来了；还有这药都是烤化了点在翅膀上的，咱形容一个东西薄都说——薄如蝉翼，但您想想，这蝈蝈的翅膀可也不厚，药化了之后如果点得慢了，药凉了粘不住，如果点得太快了，药太烫把蝈蝈翅膀烫穿了，这只蝈蝈就彻底废了。

那为什么宁肯点药，北京的玩家也要追求“叫㿃儿”的蝈蝈呢？有人曾经给我举过一个例子我觉得很有意思，不妨在这儿和大家分享一下。他说这蝈蝈就跟人一样，一个人要是有派头儿有身份，说话的时候一定是声音浑厚、慢条斯理、掷地有声；这人要是身份低微，说话一定是水平不高、喋喋不休。蝈蝈也如是，一只好蝈蝈叫起来要声音浑厚、节奏分明，这叫派头儿。我一听，这倒似乎有些道理。

挑着好蝈蝈还得配上好虫具，北京人养蝈蝈一般用葫芦。要说葫芦最有名的莫过于三河刘，所谓三河刘，就是河北三河县一个姓刘的种的葫芦,这应该是清朝的手艺人了。行里有句话叫“官模的不素、三河刘的不花”。王世襄先生在《说葫芦》一书中解释道：“三河刘一律光素，未见亦未闻范有花纹者。自晚清以来，身价最高。”一把没有任何花纹的素葫芦为什么价格还这么高呢?因为三河刘的葫芦能让鸣虫在里面叫出的声音更洪亮，不发闷。换句话说就是，一只好虫就像是一位歌唱家，而三河刘的葫芦就像是好的音乐厅。不过现在市面上真的三河刘葫芦已经是凤毛麟角了，即便是见到了也都价格不菲。

蝈蝈这东西其实在鸣虫里算是最好养的。说说我个人的经验：喂食都是隔一天喂一次，每次切一块小指甲盖大小的胡萝卜就可以了，不用单喂水。一礼拜给蝈蝈洗一次澡，方法也简单，用温水投一块毛巾，拧干后带着水汽儿铺在桌子上，把蝈蝈放在毛巾上，它就会自己捋须子、舔爪子了。蝈蝈属于阳虫，所以养的时候要注意葫芦里要保持干燥。记住以上这几点可以说谁都能养蝈蝈了。

但是要说鸣虫里不太好养而且乐趣无穷的还得说是油葫芦和蛐蛐，这都是阴虫。那这虫子怎么分阴阳呢？很简单，您就看它在自然界生活的习性：蝈蝈都是生活在地面上，趴在玉米秸上，这为阳虫；而蛐蛐和油葫芦都是生活在地底下的洞穴里，环境潮湿，这为阴虫。

好多不养鸣虫的人也问过我：蛐蛐不就是油葫芦吗？怎么说呢，也许在生物学上可以这么说，它们都是蟋蟀；但是在老北京玩家的眼里可不一样，北京人养蛐蛐有为斗的，也有为听叫儿的，而养油葫芦纯粹是为了听叫儿，再有就是蛐蛐个小、油葫芦个大，不知道这么解释您能不能明白。

我每年入冬除了蝈蝈也要再养两条油葫芦的，养油葫芦就更加讲究了，首先养油葫芦的器具传统的有“黑虫墩”，也是葫芦，但是和蝈蝈葫芦在形制上不一样。

蝈蝈葫芦一般有鸡心和棒子两种：鸡心，顾名思义形似鸡心；棒子，就是上下几乎一边粗形似棒子。而黑虫墩是细脖儿平底儿，葫芦底部还要用三合土砸底，养虫儿的时候要用水涮底。好的三合土砸出的底沾水之后水会慢慢地渗下去，既不会汪着水也不会渗得太快，行话管这叫“慢吃水儿”。这砸底是个技术活，如果砸不好的话，用水一涮底很可能葫芦就阴皮了，这如果是一把好葫芦那损失就大了。其实三合土砸底是为了让葫芦里保持湿润，来模拟油葫芦在自然界的生存环境。

油葫芦的喂养也比蝈蝈麻烦，一般可以泡点黄豆嘴儿喂它，讲究的可就麻烦了，用羊肝蒸熟打成泥，再把胡萝卜蒸熟也打成泥，混在一起喂油葫芦。养油葫芦要每天喂食、每天一涮底，保持湿润，如果太干会看到油葫芦的须子打卷儿了，这就说明它上火了，还要给它弄点绿豆汤喝。

喂养好了还要听它的叫儿，它之所以叫油葫芦，是因为它叫起来会发出“呦……呦……呦……”的声音。养蝈蝈如果让它叫简直太容易了，就记住一点——温度，蝈蝈是冷了不叫热了叫，而且越热叫得越欢实。油葫芦则不然，它是太冷不叫、太热也不叫，温度必须在二十七八度它才叫，所以您留意一下生活，夏末秋初的时候，中午最热您听不见蛐蛐叫，都是晚上气温降下来了蛐蛐才叫,对不对？所以我们要训练油葫芦叫,行话叫“倒叫儿”，因为油葫芦大多是晚上叫白天不叫，“倒叫儿”说白了就是给它倒时差，让它白天叫。倒叫的方法有很多，比如有“冷倒”，就是晚上睡觉的时候把油葫芦放在冰箱的冷藏室里，冻它一宿，第二天白天揣在怀里温度回暖它就会叫了；还有人晚上把油葫芦从葫芦里装到纸筒儿里，因为空间狭小，它伸不开翅膀所以无法鸣叫，第二天白天再把它装到葫芦里，被压抑了一宿的油葫芦自然就叫了。但是以上两种方法我从未试过，觉得过于残忍，养虫是一乐儿,虫让人乐,人得对虫好,所以我选择的是“热倒”,所谓“热倒”就是每天睡觉的时候把油葫芦放在被窝里，咱前边说了，温度一高油葫芦也不叫了，等第二天白天出门，把油葫芦揣在怀里，温度降下来了自然它就开叫了，但是切记不可以把油葫芦放在暖气或炉子边热倒，那地儿温度太高会烤死虫儿的。

很多人即便是这么倒叫儿依然是不见成效，所以还要注意两点：一来是油葫芦要天天揣在身上，让它熟悉你的气味和走路的频率，放下戒备心；还有就是油葫芦的喂食，我基本都是选择在晚上，白天把残食倒掉，因为如果白天喂食，葫芦里搁着黄豆嘴儿，人走路时黄豆嘴儿在葫芦里滚动难免会碰到油葫芦，这种虫儿的警惕性极高，一碰立刻就不叫了。

就因为油葫芦难养，所以讲究玩儿的北京爷才特别喜欢，调教好的油葫芦能一下子连续叫出十三个“呦……”北京话管这个叫“十三呦”,您要是揣着这么一条虫,那是特别有面子的一件事。

您看！虽说都是鸣虫，但是蝈蝈和油葫芦从养虫的家伙事儿到喂养的方法截然不同，这是不能乱了规矩的。养蝈蝈一般用鸡心或是棒子葫芦，养油葫芦的用黑虫墩儿，而且还得三合土砸底。蝈蝈葫芦有硬木圈口也有象牙圈口，但是盖儿，如果讲究的一定是瓢盖儿，一来分量轻、葫芦不容易一头沉，二来出音儿好。养油葫芦的黑虫墩儿到可以是象牙的圈口配雕工细致的象牙盖儿，因为黑虫墩底部有三合土砸底，所以配重稳当。当然还得多说一句，现如今买卖象牙都是违法的，所以为了好看，配个猛犸象牙也是不错的。

曾经我就见过这么一档子事儿。那是一年冬天在十里河，一位大哥向一个卖葫芦的商家兴冲冲地展示自己的葫芦。那大哥掏出的是一把养油葫芦的黑虫墩儿，商家一看，东西确实还可以，等大哥把盖一打开，在场的老几位都愣了，只见从里边晃晃悠悠地爬出了一只蝈蝈，商家赶紧说：“大哥！您这葫芦是养油葫芦的！”大哥先是一愣，为了找回面子说道：“我愿意这么养！”商家也损，紧跟着说了一句：“大哥！这新买的尿盆也不能蒸饭！”这番对话透出了北京人的嘴茬子厉害，也透出了北京人处处都讲规矩。

言归正传，其实无论是蝈蝈还是油葫芦，叫声都不小，如今的上班族不比当年泡茶馆的旗门儿大爷，所以养这两种的以退休的或是自己开公司的人居多，要是在单位上班的基本不养，想想也是，领导开会发言，您这蝈蝈叫唤上了，这还了得。所以这几年在鸣虫市场，蛉子备受年轻人的青睐，以前这种虫儿都是南方人养，但是因为它体形小，叫唤的声音也不大，在办公室里不吵人，而且养蛉子有用葫芦的也有用蛉子盒儿、蛉子筒儿的，家伙事儿体积也小，揣在身上不涨怀，所以这几年北方市场，蛉子在年轻人中是大行其道。

喜爱养虫的人都有几大共同的乐趣，把自己的虫儿调教得好是露脸的事儿。数九寒冬大雪纷飞可以听到鸣虫浅唱，这是玩儿的意境。养虫的器具堪称雅器，大家凑在一起不免掏出自己的宝贝互相品评一番，器虽不大，可是乐趣不小，若是做工精细出自名家之手那也价值不菲。更有人戏言，其实一把好葫芦是能传家的玩意儿，也是能保命的玩意儿，怎么讲呢？您想啊！怀里揣着一把几万块钱的葫芦，出门摔一跟斗把葫芦压碎了，那得心疼死，所以身上有了一把好葫芦连走道儿都得加着小心，这不是保命的玩意儿吗！

当然，北京人的玩儿更多的是门道而不是无知的炫富，昂贵的鸣虫和虫具背后凝聚的是几辈人传下的北京特有的玩儿的文化。

而今的文玩市场，一股手串念珠之风正在悄然兴起，手持珠串已经不再是修行者的专利，它已经渐渐成了文玩雅物中的一分子。2003 年去峨眉山拍摄节目，作为四大佛教名山之一、普贤菩萨的道场，我在那儿第一次接触到了佛教，当然景区的商店也都是以土特产和佛教用品居多，在那儿我请到了自己人生中的第一串念珠，似乎被念珠之美所吸引，从此便开始喜欢起了研究和收藏念珠。

念珠其实并不是佛教专属的修行工具，我也见过伊斯兰教徒和天主教徒使用念珠，也许是佛教徒使用的最为广泛，所以大多数人会把念珠与佛教紧密地联系起来。要说佛教第一次出现念珠，据《佛说木患子经》中所说，是佛陀开示一位叫作波琉璃的国王“若欲灭烦恼障报障者，当贯木患子一百八，以常自随”。念珠最初的功能就是念诵佛号时计数的工具，现在念珠从材质到样式种类繁多，但是最被大家广为接受的似乎还是菩提子念珠。一方面因为菩提子有一种天然古拙之美，加之长期地盘玩，颜色、包浆美

得沉稳大气。另一方面就要说到菩提子特殊的意义了，据《佛说较量数珠功德经》中记载："若菩提子为数珠者。或用掏念或但手持。数诵一遍其福无量。"也就是说在各种材质的念珠里，对于修行帮助最大的还是菩提子念珠。

菩提子的功德如此神奇，自然成了人们争相以求的东西，那么菩提子到底是什么？也许有人会认为菩提子当然是菩提树的树籽，实则不然，有人说菩提树根本就不结果实，这话也不对，菩提树结果实，但是菩提树的果实属于浆果，说白了就像葡萄一样，一捏就烂，是不能用来做念珠的。

菩提是梵文的音译，乃是觉悟、智慧的意思，菩提树被佛教徒视为圣树，这与佛陀当年在菩提树下彻悟是分不开的。2500多年前，古印度北部的迦毗罗卫国的太子乔达摩·悉达多为摆脱生老病死的轮回之苦，救度受苦的众生，毅然决然地放弃继承王位，出家修行。经过多年的修行，佛陀在菩提树下禅定了七天，在第七天的长夜漫漫过去的时候，天将拂晓，启明星冉冉升起在明朗的夜空，佛陀目睹星辰、大彻大悟。

菩提树一般分布在热带和亚热带地区，在北京显然不适合菩提树的生存，但是北京人却有眼福可以一睹菩提树的真容。在香山脚下的植物研究所温室大棚里生长着一棵菩提树，那是1954年，印度总理尼赫鲁访华的时候赠送给毛主席和周总理的，以表示中印两国的友谊，随后周总理委托给中科院北京植物园养护。最珍贵的是这棵菩提树苗是从两千多年前佛陀坐禅的那棵菩提树上扦插繁殖而成的，所以每当国内外的高僧来北京时也基本都会来朝拜这棵圣树。

菩提树虽然贵为佛门圣树，但是因为它实在不适合在北方生长，所以北方的寺院就用其他树种代替了菩提树，这其中名气最大的当属故宫菩提树。紫禁城的西边有一片未开放区，其中英华殿是明清两代皇太后及太妃、太嫔们的礼佛之所。在英华殿有两株参天的菩提树，其实这两株就是菩提树的替身，但是它们来头不小，据记载是由三世达赖在受封之前，从海南护送进京送给万历皇帝的母亲慈圣皇太后的，而后由老太后亲手栽植。其中有一棵长势很是奇特，主干上方沿水平方向又长出了九条枝干，所以这棵树又被称为九莲菩提树，慈圣皇太后一生笃信佛教，因为这棵树，她也以九莲菩萨自居了。

明朝覆灭后，清朝的乾隆皇帝也是一位信佛之人，对这两棵菩提树也是喜爱有加，于是乾隆御笔题写了一首《英华殿菩提树诗》:“何年毕钵罗，植此清虚境。径寻有旁枝，蟠拿芝幢影。翩翩集佳鸟，团团覆金井。灵根天所遗，嘉荫越以静。我闻菩提种，物物皆具领。此树独擅名，无乃非平等。举一堪例诸，树以无知省。”这块石碑现如今还静静地矗立在英华殿的碑亭里。

故宫的菩提树因为是替身，所以它结出的树籽是可以串成念珠的，它的树籽颗粒饱满，呈浅黄色，上面均匀地分布着五条线，像是地球的经线一般，所以也被称为五线菩提，经过长时间的把玩，颜色会变成枣红色。在封建王朝，英华殿的菩提念珠只供皇家把玩，而且据记载，在乾隆母亲的一次生日时，乾隆皇帝还请来大喇嘛为这两棵菩提树开光加持，所以更彰显出了它的珍贵。现如今因为故宫的英华殿是未开放区，所以绝大多数人对于这两棵菩提树是无缘一见的，故宫菩提在市面上也是可遇不可求、重金难买的珍品。

五线菩提按说并不是很贵，只有故宫的五线菩提因为人文价值，所以即便有钱可能也要看缘分。既然前文说过，菩提子并非菩提树籽，那顺理成章的菩提子的种类可就多了。但传统的无非就那么几类，金刚菩提、凤眼菩提、星月菩提还有菩提根这些。近些年文玩市场也炒过很多种菩提，但是几乎都没炒火，依然是这几大菩提占据着菩提界翘楚的地位，究其原因还得说是人文价值，因为这几类菩提是有渊源的。

金刚菩提出产于印度、尼泊尔一带，因为质地坚固所以得名金刚菩提，据说最早释迦佛就是让弟子们把这种菩提子穿成串持念。金刚菩提每一颗都是分瓣儿的，粗浅地说就是很像剥开的橘子，而且金刚菩提的瓣数也并不统一，常见的有四瓣、五瓣、六瓣的，多则有十几瓣的，甚至听人说曾见过二十一瓣儿的金刚菩提。在印度、尼泊尔，金刚菩提瓣数不一样代表的寓意也不一样，一瓣儿金刚菩提能给家庭增加财富，四瓣儿的能避免天灾，保佑健康，至于最高等级的二十一瓣儿，能给佩戴者带去神奇的保佑，就因为这些寓意，所以金刚菩提是瓣数越多价格越贵。

凤眼菩提个人觉得是菩提中最美的一种，因为每颗珠子上都有一只天然形成的丹凤眼，故而得名凤眼菩提，这也是出产于印度、尼泊尔一带的菩提子。在佛教界，尤其是密宗里有这么一种说法，修习不同的法门要用不同材质的念珠，但是凤眼菩提是可以通用的，这也是大家喜爱凤眼菩提的原因之一。凤眼菩提普遍的尺寸都在直径一厘米以上，所以如果谁有一串直径七八毫米的凤眼菩提，那价格可就要翻番儿了。

我最喜爱的台湾散文家林清玄曾在自己的书中这样描述过凤眼菩提：

我有一串凤眼菩提子串成的念珠。

凤眼菩提有着古朴精致的褐色，每一粒上面都有一颗美丽优雅的眼睛。我很喜欢这一串凤眼菩提念珠，每一回数它的时候，心念就飞升到空明纯粹的世界，仿佛走在精致优雅的路上，一路上有花皆香，有树皆绿，风里流着音乐，云都散得干净。

这美丽的凤眼菩提子，除了念的清净还象征着什么呢？

我想，它是在启示我们应该具有独特的非凡之眼、美丽之眼、智慧之眼、悲悯之眼、宽容之眼来注视无常的人间，才能使我们活得自在光明，不怀丝毫憾恨。

在这几年，我的心里一直有着一串凤眼，借着这凤眼我才能有一种平淡安闲的心情来综观人间的烦恼，让每一个烦恼都化成智慧的清气，并且带来更深的深思与觉悟。

关于凤眼菩提，在北京还曾发生过这么一件不可思议的事情。原北京居士林的林长黄念祖居士生前有一串戴了几十年的凤眼菩提。在黄老圆寂十二天后火化，从骨灰中拾得五色舍利子百余颗，按照佛教的说法，五色舍利象征着五方佛，说明圆寂者已经达到了很高的境界。更令人惊奇的是，黄念祖那串凤眼菩提，竟然遇大火而不焚毁，成为了念珠舍利，如今就供奉在北京的广济寺内。

其实要我说神奇的并不是凤眼菩提，而是一个人的修为。凤眼菩提满街有卖，你买来一串烧一烧试试，一定会化为灰烬的。所以凤眼菩提到底寓意着什么，有何功能，可能就诚如林清玄先生在书中描绘的那样吧！

星月菩提是如今市面上把玩人群最广的一类菩提，因为它通体有黑点，还有一个稍大的圆坑，犹如夜空中众星捧月一般，所以叫星月菩提。这类菩提盘玩之后颜色深沉稳重，非常古朴，所以颇受大家喜爱。但是如今玩星月菩提的人里有这么一条规矩我倒是非常不以为然，就是讲究“正星正月”，也就是每颗珠子在打孔的时候，都要把那个圆坑的月亮让到珠子穿孔线垂直位置，这样一来串好的珠子，月亮会排成整齐的一排。我个人感觉，这种讲究过于变态，君可看古人盘玩星月菩提，有哪一串是所谓的正星正月呢?

菩提根算是菩提类里最廉价的一款,但是它的来头可是不小,原来古印度那会儿，没有纸张，佛经都是抄写在叶子上的，俗称“贝叶经”，而存放贝叶经，一般都是放在干燥的阁室，这也是藏经阁的由来，而菩提根就是贝叶树结的果实，用它做佛珠，绝对是名正言顺。

一说到菩提根,很多人的第一反应都是太漂亮了,洁白如玉,但实际上它的原始种子跟西瓜皮一样是有条纹的，所以菩提根有三种品相：第一种就是带着花皮的，叫作花菩提根；第二种是磨掉花皮的，呈现乳白色，叫白菩提根；第三种就是人工染色的菩提根，颜色很多，紫色、黄色、绿色、红色我都曾见过。其实以我个人喜好，还是首推白菩提根，别看它貌不惊人、价格低廉，但我曾经见过一位玩家经过多年盘玩，竟然让白菩提根也“开片了”。

当我们看古装电视剧的时候，一有僧人出现必会出现念珠的身影，但是电视剧里的念珠可以说是错误百出。念珠的使用在佛教界是有很大的规矩的，我们看电视剧里只要是僧人就会每人项上挂着一串念珠，这是绝对不允许的，即便是在佛门也只有方丈、监院这些级别的僧人才可以项挂念珠，普通的小和尚是不可以挂的。而且念珠的颗数也是有讲究的，挂珠一般是 108 颗，看了这么多部电视剧，据我看过的好似只有老版《西游记》的唐僧念珠挂得是对的，而一些古装剧里僧人脖子上的念珠像李子那么大个儿，那绝对是不对的。

还有念珠的盘玩，我听过无数种奇葩的方法，例如用手套或搓澡巾盘玩出来的亮，要把珠子当毛巾一样在身上或脸上蹭汗等等，这些方法光是听着就足以让人作呕。念珠是庄严法物，即便在不信佛的人手中也该是文玩雅物，我们试想，若您看到古代文人雅士拿着一串念珠在脸上蹭汗，您会作何感想呢？所以要问我如何对待念珠，方法很简单，闲来无事把手洗净，在手中盘拨念珠，心中净念以达摄心之效。

关于念珠、手串有人也曾问过我这样的问题：“手串就是佛珠吧？”这不可一概而论，珠子穿成串儿套在手上可以叫手串，但是念珠作为修行的法器是要有制式的，比如念珠的颗数普遍的有 108 颗，代表人有 108 种烦恼，持念佛珠修行是为了断除 108 种烦恼；除此之外还有 1080 颗的念珠，一般只用来做法会的庄严器物或是闭关修行时使用。为了便于携带，念珠还有 14 颗、18 颗、21 颗、27 颗、54 颗这么几类，但这些数字在佛教里都是表法的，在此就不一一细说了，当然在日本的真言宗所使用的念珠和我们的又不一样了，可以说念珠也是一门值得研究的学问。但是无论它有多少讲究，我想释迦牟尼佛把念珠留于世间，目的只有一个，他希望这是能帮助众生解脱的法物。

香，为何物？问题一出也许大多数人会想到燃香礼佛或是烧香拜神，不可否认，这确实是香中的一种，但绝非全部，甚至可以说那只是“香”中九牛之一毛。

曾几何时，热播的电视剧《甄嬛传》使大家对清廷的宫中用香颇感兴趣。香在后宫之中的功能不仅是用来改善空气，还可以用来治病，甚至嫔妃间互相加害所用之物都已有了香的影子，剧中嫔妃间残害龙胎所用的麝香当门子，使观众看后心有余悸，对麝香敬而远之。其实影视剧中只是揭开了宫廷用香的冰山一角，后来有幸结识了国家级非物质文化遗产传统药香制作技艺代表性传承人李时亮，使我颇受裨益，记得问及香的知识，时亮兄有一句话总结得相当到位，他说“香乃天地间之正气”，而后细细聊开，方知药香世界的庞杂纷繁。

而今如有雅兴游览紫禁城，您会发现，无论是皇帝上朝的三大殿，抑或是起居之所养心殿，殿堂正中总有一组彰显皇帝身份的家居陈设——宝座间，其中有宝座一把，背后设屏风，前有脚凳、地毯，左右对称有香几，上设香炉，抑或左右对称一对垂恩香筒，这是燃香之器。清朝时皇帝上朝前香筒内早已点燃香料，自然同殿议政的大臣也可有幸闻到燃香，因为闻到了专供皇帝的香，此乃皇恩浩荡，所以将燃香的器具也命名为——垂恩香筒。

皇家除了燃香之外，与香有关的物件也可以说比比皆是。中国古时称皇后的宫殿为椒宫，《汉书》卷六十六《车千秋传》之中就有记载：“江充先治甘泉宫人，转至未央椒房。”所谓椒宫就是以花椒等辛香之料和泥涂壁，取其温而芳也，这也算是香的一种。

观察清朝的人物肖像或照片不难发现，就以慈禧为例，旗袍的大襟处多会挂有一串念珠。时亮兄与我谈及时说道，此珠其实不光是念佛之用，造办处也会根据时节不同制作不同的药香珠串供慈禧佩戴，以驱瘟避秽，此为“锭子药”。慈禧同时也是一位爱美之人，因此所用化妆品，如头油、珍珠粉、胭脂一类其实也都归药香范畴。

除了宫廷，香还与宗教关系紧密，在佛教里燃香供佛是一种很普遍的供养形式。在《大方广佛华严经·普贤菩萨行愿品》当中就有“最胜衣服最胜香，末香烧香与灯烛，一一皆如妙高聚，我悉供养诸如来”的偈言。在佛教寺院的供桌的香盘前常会看到绣着“戒定真香”字样的桌围，戒乃是佛祖释迦牟尼佛定下的戒律。佛陀教化一生，在拘尸那城入灭之前，弟子垂泣询问，佛陀入灭之后弟子以谁为师，佛陀说“以戒为师”，所以修行的根本在于戒，而因戒则可生定，因定而生“心香”，所以香并不只是鼻根所能闻到的气味。

在佛教寺院的禅堂常会设置一物，名曰“香板”，在僧人打坐时由僧值拿在手中，给那些在打坐时困顿或是散乱的僧人以提醒，当然也有不少僧人在香板点肩的刹那开悟。南怀瑾先生就在自己的书中说过香板的来历。清朝的雍正不但是一位勤政的帝王，也是一位佛学造诣很深的帝王，经常与全国的高僧大德研习佛法，一次在打七的时候，雍正皇帝为使一位僧人开悟，于是用一柄宝剑指着这位僧人，告诉他打完禅七若不开悟就用这柄宝剑杀了他。人在被逼到绝境时往往会迸发出超乎自己意料的能量，后来这位僧人果然开悟了，后世之人便模仿宝剑的形状做出了木质的香板。

说到香似乎和宗教总是很密切，供佛的坛也叫香坛，供佛的寺院也叫香界等等。赘述颇多，只是想表述香的博大精深，实乃中国文化源流中的一朵奇葩，而今可喜，香道文化渐受追捧，此乃好事，但与此同时鱼龙混杂、良莠不齐，鄙人又不免有文化被误读之担心。结识时亮兄，感喟同辈之人英才辈出，其实若让我总结何为香，我也只能借用古人之语“明德惟馨”。

因为中国有特殊的生肖文化，所以每到辞旧迎新之际，十二种动物便会轮流地火上一把。这蛇年到了，跟蛇有关的话题，也是层出不穷。先是卖宠物蛇的店铺火了，紧接着像蛇年的邮票、纪念币，也被一抢而空。更有甚者，网络上流行起了一种蛇精脸，就是用 PS 制作出动画片《葫芦娃》里蛇精的造型，柳叶眉、杏核眼外加一张锥子脸，看起来好像有点毁三观，但谁叫是蛇年呢！这蛇精脸备受网友的推崇，甚至引来了很多娱乐明星加入其中。

其实我分析，这蛇之所以能火，除了是蛇年，还有一个原因，就是蛇的性格。您像咱北京人，爱把蛇叫作小龙，或者长虫，话里话外不提蛇这个字，这多少反映出人们对这种动物敬而远之的心态，因为早年间过端午节的时候要避五毒，这五毒里便有蛇，大家对它避之不及呢！而且北京人觉得蛇这个字也不吉利，因为蛇的谐音就是折了那个“折”，一说这个人折了，这是被判刑了！说一个买卖折了本，这就是快倒闭了！虽说不吉利，但是您到底对蛇有多少了解呢？

一提到蛇，很多人觉得就俩字，吓人。这种地球上最致命的生物，拥有着强大的气场，而且，大家普遍认为大多数的蛇都是有毒的，再加上蛇的性情冷漠、心肠歹毒，咱实在惹不起，所以老北京过去管一个地方的地痞恶霸、惹不起的人统称叫——地头蛇，可见老百姓对蛇是深恶痛绝。

但其实蛇并没有大家想象的那么可怕，因为有数据为证，全世界大概有3000多种蛇，其中有毒的只有600多种，而能主动攻击人类的，不超过10种，也就是说不管蛇对其他动物如何，

对待人还是比较友好的。您像前两年，有一个视频在网上疯狂转载，说的是一位印度清洁工，竟然徒手打扫动物园里边眼镜蛇的领地，把眼镜蛇当成麻绳一样扔来扔去，当时很多人不理解为什么毒蛇不对他发起攻击。其实主要就是因为，蛇的攻击多半是为了捕食，人有点过于庞大了，在蛇的黑名单里，根本没把人列进去，但是人就不一样了，人既把蛇当成危险品，也把蛇当成宝贝。

蛇，在咱们中医学当中，有祛风湿，通经络，定痉抽的功效，蛇胆清热，蛇皮清热解毒。您像咱们老北京，有一个叫老洪淑堂的中药店，现在没有了，但是留下了一个方子，大败毒胶囊，同仁堂现在有，里面就有蛇蜕。

因为蛇全身都是宝，蛇皮、蛇酒、蛇骨，等等跟蛇有关的东西，就似乎变成了灵丹妙药，中药里有一味叫作蛇床子的药，据说就是古人看到蛇在冬眠的时候总是卧在一种草上，于是古人就琢磨，蛇这种冷血动物在冬天卧在这种草边竟然不会冻僵，说明这草有药效，经过试验发现，这种草的草籽具有治疗宫寒、痛经的效果，又因为这种草是蛇冬眠时用来当床的，所以叫蛇床子。在古籍《纲目》当中就有记载："蛇床，蛇虺害卧其下，故有蛇床、蛇粟诸名。"我曾经得湿疹也尝试过用蛇床子煮水来洗，洗过的地方确实有明显的温热感。

蛇床子虽不是取自蛇身上，但也是蛇这种动物引导我们发现的。不过蛇身上确实很多地方是有药效的，可是在这儿咱也得给您提个醒，虽然蛇具有药用价值，但也不是所有的蛇都可以入药，您像咱们国家一共有两百多种蛇，真正能入药就也就几种。比如蕲蛇、金钱白花蛇、乌梢蛇。

现在很多人，不知道从哪儿抓的蛇，甚至不知道什么蛇，就开始制药服用，实际上这种做法是非常危险的，即使是被医学广泛应用的白花蛇，入药时都必须把蛇头切掉，防止残存毒素可能对人体造成的伤害，就更不用说其他品种的蛇类了。而且现在很多商家、很多饭店，甚至于很多私人，都会拿蛇泡酒，您像 2011 年，电视台就曾经播出过一位赵先生，用七条毒蛇自制的药酒，由于存放了两年，自己都不敢尝试，后来专家鉴定，酒中仍然存有大量毒素。所以泡药酒其实也是一种制药的工序，还是让专业人士操作靠谱。再有就是喝药酒，您记住！药酒不是酒而是药，所以喝哪种？喝多少？最好是遵医嘱！

聊完了蛇的药用价值，咱们再聊聊蛇的观赏价值，尤其是蛇年春节前后，宠物蛇市场是异常的火爆啊！从几百块钱到几万块钱各色不一，那到底什么样的蛇适合做宠物，养宠物蛇又有哪些讲究呢？

首先这养蛇的人大概能分为三类，第一种养玩具蛇，属于入门级的，无毒无害，最长也就长到几十厘米；第二种养蟒蛇，属于霸气外露的，比如说黄金蟒，但是您别看它体积庞大，实际上性情温顺，几乎不会攻击人类；还有第三种，属于走火入魔型的，就是饲养毒蛇了。当然这几年相关的政策法规不断完善，什么蛇不能养，您还得提前弄清楚。

很多喜欢蛇的朋友，都把饲养毒蛇作为玩蛇的终极目标，其实这是极为危险的做法，因为毒蛇本身具有很强的迷惑性，乍看上去，好像眼神迷离，动作迟缓，实际上一旦你要是触犯了它的领地，它会毫不犹豫地给你一口，尤其是像响尾蛇。即使说医院里有血清蛋白，致死率仍然高达百分之七十，所以为了自己也是为了家人，最好不养这种凶猛的动物。

说到蛇，咱们中国的传统文化里有很多跟蛇有关的典故，比如“杯弓蛇影”一词，说的是疑心病。“人心不足蛇吞象”，这说的是贪心害了自己的故事。还有句出自《战国策·齐策二》的成语叫“画蛇添足”，那蛇到底有没有脚呢？您也许会说，这还用问！古人已经用成语回答得明明白白了，但是古人也有犯错的时候啊。如果您有机会接触到蛇，可以在专业人员的操作下把蛇翻过来看看，它的肚皮上前后各有两个像趾甲一样的东西，那就是蛇退化留下的脚，看来画蛇添足也并非多此一举，而是观察细致。

蛇给您的印象是什么呢？也许有人觉得是神秘，老北京有“大仙”的说法，认为蛇、黄鼠狼、刺猬、狐狸这为四大仙，是有灵性的动物。道教里供奉的北方玄武大帝起初也并不是人的形象，而是龟背上盘着一条蛇。也许有人觉得是亲切，《白蛇传》里的白素贞，就是峨眉山里修行的蛇精来到人间报恩，再加上赵雅芝完美的演绎，一条白蟒蛇却让人难以忘怀。

也许更多的人觉得蛇可怕，其实蛇没有人可怕。近十年的时间里，世界野生蛇的数量锐减了一半，上百个品种濒临灭亡，就拿咱们中国贵州武陵山著名的五步蛇来说，存量不足千条，还有湖南著名的莽山烙铁头，国家一级保护动物，存量不足百条，那是什么让这些致命杀手受到追杀呢？都是利益二字！

前段时间网上有一个帖子很火，名字叫“几十万蛇皮包的由来”，照片触目惊心，上万条野生蛇被人捕杀，中国有句老话叫“人心不足蛇吞象，世事临头螂扑蝉”，就是告诫后人千万不要贪心，善待咱们人类的邻居，也是善待咱们自己。

旧时光

老北京有“东富西贵南贱北贫”的说法，这种说法是打什么时候开始的，我还没有追根溯源呢，但是我觉得这种说法应该是打明清时期渐渐形成的，最起码这句话简单明了地概括了老北京人群分布的特征。“东富”,这个富字儿在字典里有一种解释是“资源、财产”。“西贵”，富和贵咱们老喜欢搁在一起使，其实二者区别还是挺大的，字典中对“贵”有这么一种解释“旧社会指地位优越”,所以您看,有钱的可以称为富,有身份的才能称之为贵,也就是说“富”不见得就“贵”。“南贱”,贱,说的是“地位低下”,“北贫”，贫就是“穷”；所以贫贱也不能混为一谈，“贫”不见得就贱，很多清末的贵族家里都穷的揭不开锅了，但是派头儿一点不减。有句北京话说得好啊——倒驴不倒架！东富西贵南贱北贫，我刚才简单地给各位解释了一下，下边咱们细聊。

要说东边富裕，起码有两点是最直接的证据：第一，北京的漕运都集中在东面，元代漕运的船只一直可以通到积水潭，明代的时候才把漕运的终点截在了城墙外头。粮食运来了得有地儿放

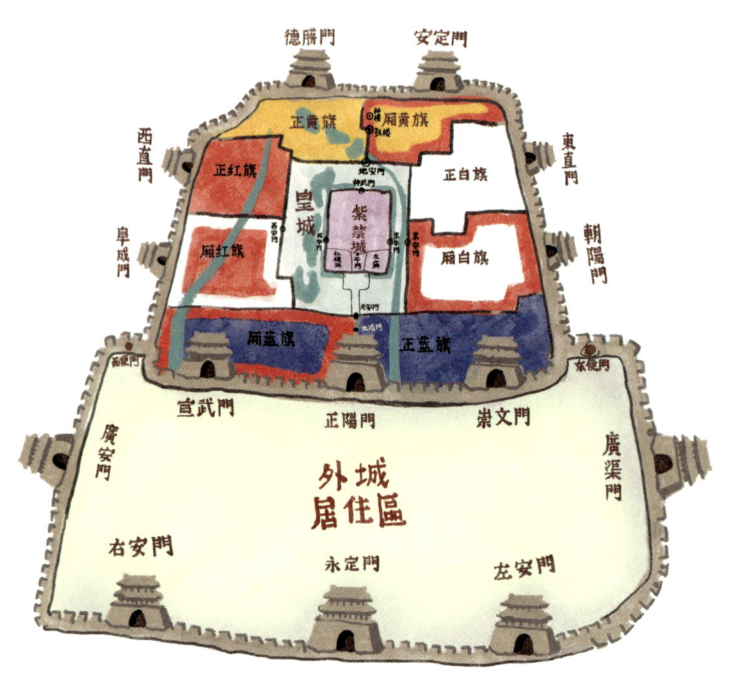

啊！所以东城的粮仓非常多，比如海运仓、新太仓、禄米仓，朝阳门内保存下来的南新仓等等。我们再看北京东边的城门，朝阳门，元代的时候叫齐化门，是京城九门里运粮的门，所以也叫“粮门”。东直门，元代叫崇仁门，早先它的功用主要是走木料和砖瓦的，所以东直门也叫“木门”。

因为修建北京城的很多材料都是通过京杭大运河运过来的，在老北京有一种说法叫“漂来的北京城”，这话可是一点也不假，别的不说，咱就说紫禁城，当年明朝永乐年间修建紫禁城的时候，用到的大木料大多是来自云贵川一带，细泥澄江砖是山东临清制造，大殿的金砖产自苏州松江。您看看，两座城门一个运粮、一个运建筑材料，要是没有这二位，北京城盖不起来，北京人没饭可吃，您说这二位作为东富的代表，是不是理所应当呢?

现如今城门没有了，粮仓也剩的为数不多了，但是南新仓却完好地保留了下来，而且成了文化一条街，在这儿“吃玩逛购”样样俱全。先说吃吧，大董烤鸭可谓是名扬京城，虽然是后起之秀，前头有几百年的老字号，但是它却毫不逊色，不光是烤鸭味道做的正宗，还要讲究吃的健康，环境宜人。吃完烤鸭要想消遣，溜达着不远儿，就是南新仓的仓库，现如今这里摇身一变成了欣赏昆曲的殿堂，《牡丹亭》长演不衰，不过无论是吃饭还是看戏，价格不菲倒是真的，看来东富的基因倒是一点没变。

老北京形容一个人有钱，有这么一句北京话相信大家都已经耳熟能详了，叫“头顶马聚源，脚踩内联升，身穿瑞蚨祥，腰缠四大恒”。现如今前三样您还能见到，唯独“四大恒”没有了，所谓“四大恒”就是当年在北京城里首屈一指的四家带“恒”字的钱庄，有钱有身份的人都以能用上“四大恒”的银票为荣耀，这四家分别是恒兴号、恒和号、恒利号和恒源号。

凑巧的是，这四家钱庄都集中在东城，除了恒源号在当年的东四牌楼东边以外，其余的三家都在“大市街”，也就是东四南北走向的这条大街。为什么这儿叫“大市街”呢？因为东四之所以叫东四，是因为早年间这儿有四座牌楼，其中一个牌楼上写着“大市街”。可以说东四是清朝名副其实的“老北京金融街”，四大恒的银号全在它这儿扎堆儿。在《道咸以来朝野杂记》中记载：“凡官府往来存款，及九城富户显宦放款，多倚为泰山之靠。”这也可以看出来当年在北京的金融界，“四大恒”占有非常重要的地位。

那“四大恒”的钱庄为什么会如此有名呢？咱们打一个比方，早年间花的金银，就相当于咱们现在的投资金银条，都是按分量定价的；而早年间花的银票，就相当于咱们现在的纸币。但是现在我们花的纸币都是中国人民银行统一发行的，早年间各个钱庄是可以自己发行银票在市面上流通的，但是小钱庄因为资本薄，即便出了银票也没人爱用，商家也不爱收，因为怕不保险，保不齐哪天这小钱庄就倒闭了，而四大恒的资本雄厚，大伙用着四大恒的银票心里放心，脸上也有面儿，到后来甚至以用四大恒的银票为炫耀的资本。

要说东富的新锐代表，金宝街可以说是当仁不让啊！要论岁数不算大，1998 年诞生，但是它这名头可不小，直比纽约的第五大道了。这条街西起金鱼胡同东到雅宝路，730 米的街上，豪华酒店、顶级会所、高档购物中心是一应俱全。但是要说最夺人眼球的，还得说是名车荟萃，金宝街有劳斯莱斯、法拉利、兰博基尼、阿斯顿·马丁、宝马、布加迪、帕加尼等展厅。可以说这是现今国内最牛的豪车一条街了，说实在的，别看我说得头头是道，这豪车，让我看着车标我都不认得。说了半天可不是让您拜金，如果是真的爱车之人，买不起没关系，我也算给您介绍了一个过眼瘾的地界儿了。

东富说完了，下边咱们聊聊老北京的西贵。贵，这是身份地位的象征，那什么人在老北京有身份有地位呢？当官的肯定比老百姓有地位，那什么人比当官的还有地位呢？肯定是和皇上沾亲带故的人啊。这就是贝勒、王爷。一说到王府、贝勒府扎堆的地方首推什刹海，早年间什刹海周边不光是寺庙多，王府也多，最起码不下十座，至于说为什么王府扎堆西边，我听过这么一种说法：第一，西边离皇宫近，进宫商议国事方便；第二，北京城的地图如果您从中轴线一对折，水面都在西边，前海、后海、积水潭、北海、中南海，有水景色就好，临湖而居，杨柳垂岸，这么好的地方肯定得紧着皇上家的亲戚住了。下边咱就在西边找几座有意思的王府给您说说。

涛贝勒是谁？清朝末代皇帝溥仪的七叔，他的府邸就在什刹海柳荫街 27 号，现在北京十三中的所在地。要说这位皇叔，新潮、洋范儿那是一点不假，清朝的皇叔酷爱自行车，您听着新鲜吗？那还是载涛十几岁的时候，一次偶然的机会，他看见了进宫演出的民间艺人在表演车技，于是乎对自行车的爱一发不可收，那当儿王爷、贝勒骑马没问题，但是骑车让人觉得是“有失体统”的事儿，王公大臣们肯定是极力反对，但是载涛就有这股子执着劲，认准了的事一定是力排众议，就这样，堂堂的大清国皇叔成了第一个“吃螃蟹的人”。骑车得需要地方，贝勒府里是耍不开了，这么大一个皇叔就满北京的可着胡同骑车逛街，以至于那个时候载涛对北京的胡同全都门儿清，快赶上活地图了。载涛不光是自己骑车，府里下人只要是喜欢，他全都教；这股风儿慢慢地可就吹到小皇上溥仪那去了，在叔叔的带动下，小皇上也学会了骑车，可是皇上毕竟是皇上，哪怕就是个末代皇上，他也不能跟叔叔载涛似的满胡同骑车啊！好在是皇宫比贝勒府地儿大，可是有一节，紫禁城里每道门都有门槛，皇上一到门槛就得下车搬过去，这是谁骑谁啊？为了方便骑车，溥仪做了一个大胆的决定，锯门槛！从此紫禁城的大门都成了“豁牙子”。

载涛喜欢骑车在京城都是出了名的，您看现在电动自行车不新鲜了，但是 20 世纪 30 年代北京城就有了电滚子带动的自行车了，载涛赶时髦啊，自己也弄了一辆，每天“突突”来“突突”去，招得好多小孩跟在屁股后头看热闹。载涛骑车一骑就是几十年，直到快八十了，家里人为了安全起见不让他骑了，载涛也承诺，过了八十大寿就不骑了，可就在七十九岁这年，载涛跟儿子说："过了八十我就不能骑车了，要不咱们挑个日子，痛痛快快地再骑一回？"就这一句话，载涛挑了个礼拜天，带着儿孙一起，由打北京城骑到十三陵，一天打了个来回儿。

涛贝勒府现如今不对外开放，但是它马路对过儿有座王府每天是门庭若市啊，这就是恭王府。一说到恭王府肯定提到和坤，可是恭王府里闹鬼的传说，在北京也是由来已久了。

老北京人传说，在恭王府后花园，每到雷雨交加的夜里，总有一个黑影在寻找着什么，这个黑影是谁，他到底在找什么呢？这还要从咸丰皇帝死后开始说起，当时就是这位恭亲王奕䜣帮助慈禧太后发动了宫廷政变，干掉了顾命八大臣，开始了慈禧太后垂帘听政的日子。在别人看来，慈禧太后大权在握，要风得风，要雨得雨，那怎是一个风光了得啊！不过，背地里呢，家里老公死了，儿子也不听话，家外边外国列强虎视眈眈，这慈禧太后也没少担惊受怕的，这一担惊受怕就病了。慈禧太后的病拖着不见好，恰在这时，有位太医站出来了。

这位太医姓陈，为人耿直，也不管避不避嫌这套了，直接给慈禧太后切脉诊断，开方治病；也不管什么减药减量，再加上慈禧太后本身就没什么大毛病，没用多少药，这病就好了。慈禧太后的病是好了，可陈太医的麻烦也来了，一是和太后有了肌肤之亲，二来是治病有功，慈禧太后对陈太医那是恩宠有加，这就惹恼了一个人，谁啊？大太监李连英。

为了和陈太医争宠，李连英秘密地去见了恭亲王奕䜣，添油加醋地就把这事儿报告给了恭亲王，奕䜣一听，这还了得！这瓜田李下的闹到宫里，让大清朝的面子往哪儿搁呢？于是，暗自设下毒计，把陈太医骗进恭亲王府，勒死了事。于是关于恭王府的鬼影到底在找什么，也就有了一个说法，大概是那位陈太医太沉迷医术了，直到死了，他还在找他的那只行医用的药箱呢。当然了，这只是老北京的一则传说，诸君只听一乐，不必当真。

北京城过去还有一句老话，叫恭王府的房，豫王府的墙。意思是说，一个人做事不规矩，老是想超越自己的本分。那恭王府的房和豫王府的墙，怎么就不本分了呢？

在清朝那会儿，就是王爷盖房子，也得有个规矩，不能多盖出几进院子，而且，墙的颜色，屋顶上瓦片的颜色，都不能乱用，比如明黄色，这是皇上家的专用色，身为臣子要是用了，这叫逾制，轻则抄家，重则杀头。

这话绝不是吓唬人的，游览过恭王府的人都知道，恭王府最气派的建筑名叫锡晋斋，这座房子，从支撑的柱子，屋檐下的雕刻，还有大厅里的隔断，都是金丝楠木的，处处都是仿照着故宫宁寿宫而建的。这是什么概念啊？给您打个比方吧：太和殿诸位都知道吧，那里边正中间的龙椅就是金丝楠木的，你一来仿照皇上家的装修风格，二来选用皇上家的装修材料，不要你命要谁命啊？当年和珅被赐死，锡晋斋建筑逾制就是其中的一条罪名。

恭王府的房子是和珅自己偷偷逾制建的，豫王府的墙那是皇上下令给改的。豫王多铎，是清朝最早的八个铁帽子王之一，什么叫铁帽子王呢？就是可以世袭罔替的，儿子可以继承老子的爵位。到了第四代豫王，已经是清朝乾隆年间了，据说这位王爷好下棋，和乾隆皇帝是一对棋友，有一次和乾隆十局定输赢，结果最后还是下了个五比五——平手，乾隆皇帝一高兴就想赏点什么，赏别的王爷府都有，得了，把你家的墙加高三尺吧！由打这儿起，豫王府成了北京城围墙最高的王府。当然，这围墙越高，也就表明这王府的地位越高。20世纪初，豫王府被卖给了美国的石油大王洛克菲勒，后来，美国人拆除了王府的建筑，把这里建成了一座医院，这就是如今的协和医院了。

说完了东富西贵，下边咱们该说说南贱北贫了。南贱，顾名思义说的是老北京南城的居民身份地位比较低贱，既然身份低贱，您说那生活还能好的了吗？要说生活最苦的有这么一群人，都集中在一条臭水沟边上。

这条沟就是龙须沟，它的出名，老舍先生是功不可没的，通过老舍先生的作品，大伙根深蒂固地认为龙须沟就是一条臭水沟，其实这还真是有点冤枉这条沟了。据《北京市志稿》记载，龙须沟“北起虎坊桥，迤逦东下，经永安桥、天桥、红桥，经天坛北，复南折至永定门外之护城河，长约一万九千余尺”。咱们都说北京城的中轴线是一条龙脉，龙得有龙须啊！所以您看龙须沟的位置，正好是龙的须子，看来这个名字起的还是挺形象的。

龙须沟最早其实是一处风景宜人的地方，明清时期，龙须沟甚至是北京人清明节踏青出游的好地方，到了清末民国的时候，龙须沟因为疏于管理才成了一条臭水沟，从此龙须沟变身龙蛆沟了，这又是怎么回事呢？我在一次采访话剧《龙须沟》的老演员郑榕先生的时候，老爷子说了一件亲身经历的事情。为演好《龙须沟》这部话剧，老先生去龙须沟体验生活，有一回正好赶上下大雨，老爷子说，当时眼看着水就漫进了院子，然后上炕、上桌子，等水退去了，满炕满桌子爬的都是大尾巴蛆。

既然龙须沟这么脏，为什么这些穷苦人还甘愿住在这儿呢？在采访的时候郑榕先生也跟我说了，因为龙须沟离着天桥近，当时住在这儿的人都是底层的艺人或是做小买卖的，他们都指望天桥这块地方挣钱吃饭呢。所以旧社会穷苦人能吃饱饭是第一位的，脏不脏的已经顾不上了。国民党时期他们是光收捐不办事，等到解放后，还是新中国为老百姓清理了龙须沟。

南城除了穷苦人多还有就是“三子”多，哪三子呢？戏子、窑子、举子，先说举子。举子多自然是因为南城会馆多，会馆就相当于现在的驻京办，那个时候每到春暖花开的季节，北京有这么一句老话叫“臭沟开、举子来”，什么意思呢？因为老北京清理下水道都是在春天，因为天暖和了，下水道里的臭淤泥都解冻了，好清理，所以这叫“臭沟开”，而这个时候也是各地的举子们进京赶考的时节，所以叫“举子来”。那个时候交通不便，举子们来到北京赶考，一路上舟车劳顿，甚至还要翻山越岭，同一个地方的举子大家结伴进京，互相还有个照应，来到北京都住在本地的会馆，也是出于同乡的情谊。现如今南城名气最大的会馆当属湖广会馆，但是它早已失去了会馆的功能，成为了一处餐饮、娱乐的场所，来这里听听戏、品品湖广菜倒是不错的选择。

说到南城的第二子就是“窑子”了，其实窑子并不是妓院的统称，老北京只有低档的妓院才称为窑子。而一说到南城妓院的聚集地，我想没有人不知道八大胡同的，八大胡同说的不是一条胡同，而是八条胡同的统称。老北京话管“逛胡同”特指为逛八大胡同，所以遇见正宗的老北京人，您嘴里可得有个把门儿的。

说完了举子、窑子，下边该说戏子了。戏子聚集南城也是有历史原因的，清朝实行满汉分居，其实严格地说应该是兵民分居，在旗的旗人住内城，不是旗人的住外城。内城不允许娱乐，所以老北京的戏班、戏园子都聚集到了南城，而在南城众多的戏楼当中最有代表性的当属正乙祠大戏楼，第一，它是北京城里现存最老的戏楼，明朝始建；第二，它是分上下两层的戏楼，演神仙戏的时候，仙人可以从天而降，这一点也许您会不以为意，但我给您打个比方您就知道它的级别了，故宫里的畅音阁大戏楼也是分层的，这都跟皇上家是一个级别了；第三，它是现在还在演出京剧的古戏楼。

旧社会一说戏子，都带有鄙视的口吻，因为学戏的人出身不高，而且文化有限，但是现在今非昔比了，京剧被列为了世界文化遗产，戏曲工作者也是一个受人尊敬的职业。

东富西贵南贱北贫，说了这么多，就差北贫没说了，按说老北京北城那是正黄旗和镶黄旗的地盘，地位不低了，可是到了清末的时候，铁杆庄稼一倒，这些遗老遗少断了钱粮，就只能靠变卖家当过日子了，所以就越来越贫穷，因为他们倒卖家当还催生出了一个行业——打小鼓的，这小鼓也就比瓶子盖大两圈儿，用藤条一打，声音清脆，他们专去北城，为什么啊？因为他们不是普通收废品的，只收古玩细软，他们知道北城大户人家里有货，而且为了脸面又不好意思拿到街上去当，一听见打小鼓的就叫进家里卖，这也是为了顾全脸面，正应了那句话“脸比命值钱”。您说他们穷吗？那是真穷。但人家身份在旗，即便穷也不能说人家低贱，哪怕家里的被窝都当了，这些旗门儿大爷出门也得穿得倍儿体面，这就是北贫的由来。

说到儿时对端午节的记忆，首先映入脑海的应该是粽子的味道。端午的头几天大人们已经把江米、小枣、苇叶子全都准备妥当了，端午节当天去上学的时候，奶奶已经坐在院子里开始包了，等到中午放学，满胡同各家各户都飘来了粽子的清香。虽说家家都包粽子，但也免不了礼尚往来，街坊邻居要互相馈赠一番，我们这些小孩就是交流的使者，家大人拿个碗，里面放上几个粽子，会告诉孩子："去！给西屋的大爷送去！"孩子们对于这种事当然也乐此不疲。

而稀奇的是，包粽子用的原料各家各户都是一般无二，可是每家做出的味道还是不一样。中午美美地吃上几个大粽子，孩子喜欢甜食，甚至觉得味道不足还要蘸着白糖吃。粽子的甜美还在唇齿之间，下午上课时老师便会不失时机地给我们讲端午的来历，因为端午的节俗有了粽子这么一个代表，我们倒也乐得听听它的历史。

关于端午的来历其实传说甚广，端午节也是中国名称最多的

节日。“端”乃是开端之意,而“端五”就是五月开端的第一个初五,民间传说因为唐太宗李世民的生日是五月初五,为了避讳“五”字才改成“端午”,这种说法由来已久,但鄙人倒觉得不足为信,若是为了避讳,那中国的数学里是不是也要避掉“五”这个数呢?实则是因为按照中国古老的天干地支,在十二地支里,“五月”也是“午月”,再加之“五”与“午”又是同音,所以得名“端午”。

端午节纪念屈原这是尽人皆知的事情。屈原是战国时期的楚国人，生于湖北秭归，有满腔的爱国之情和广博的才学，受到了楚怀王的器重，担任左徒之职，这个职位仅次于宰相；但不料想屈原遭到佞臣嫉妒，楚怀王听信谗言从而疏远屈原，太子兰当政之后干脆就把屈原流放了，在流放途中屈原听闻秦国连连打败楚国，感到万念俱灰，写下绝笔《怀沙》之后，于公元前 278 年五月初五怀抱大石投汨罗江自尽。后来百姓们得知，争相驾船相救，从此演变出了端午的龙舟竞渡，但当时的乡亲们最终还是没有把屈原救上来，所以百姓怕鱼虾吃掉屈原的尸体，往江中投粽子，这种民俗食品也登上了历史舞台。

当然还有一种说法，说屈原本不是投江自尽的，而是被暗杀的，暗杀的人把屈原装进了一个口袋里，又在里面塞了大量的石块，然后系上袋口投入江中，百姓有人看到这一幕，但是谁也不敢说，于是做出了粽子这种食品以示暗喻，包粽子用的苇子叶就是口袋，里面放的小枣代表石块，放在水里煮就代表屈原是这样被扔进江里的。这种说法在民间也流传甚广，但是鉴于屈原的气节，大家还是愿意相信屈原是自己怀石投江而并非被人杀害。

除了纪念屈原，还有一种说法是端午为纪念曹娥。曹娥是中国历史上的一位大孝女，她的父亲在汉安帝永初二年（108 年）五月初五迎波神的时候被卷进了江里，曹娥沿江哭号不绝，连续数日之后才找到父亲浮上来的尸体，曹娥的这种孝也感动了世人。这两则故事是儿时听得最多的，长大之后再想来，端午其实也不失为一个以“忠”和“孝”为主题的节日。

在北京端午节也叫作“讨债节”和“谢师节”，因为北京讲究“三节”，也就是正月节（春节）、五月节（端午节）、八月节（中秋节）。老北京的小买卖一般很少有赊账的，因为本小利薄需要马上回笼资金，但是大生意可以赊账，不过清账也有规定，就是每年这三节是算账的日子，端午节在三节之内，所以也叫“讨债节”。而“谢师节”也关系到老北京的民俗，旧京拜师学艺讲究三年零一节就可以出师了，而这“一节”说的正是端午节，受师父三年多的教导，学会了吃饭的本事，理所应当学成之后设摆谢师宴，这就是“谢师节”的由来。

说到老北京端午的习俗可谓五花八门，装饰上有五毒荷包，就是绣着蝎子、蜈蚣、蟾蜍、壁虎、长虫（蛇）的荷包；手腕上系五彩绳；门口贴剪纸的葫芦，这个一般旧京的妇女都会剪，用彩纸剪成葫芦形，再在葫芦上剪出五毒的图案，寓意五毒都被收进了葫芦里，保佑一家平安，而葫芦又有福禄的谐音，寓意吉祥。端午节正是毒虫活跃的月份，这些装饰也是寄托了百姓祈求平安的心态。

斗草也是端午特有的习俗，端午是采草药的时节，斗草也分

“文斗”和“武斗”，文斗就是对花草的名字，在《红楼梦》第六十二回就有关于斗草的描写；而武斗则是大家耳熟能详的，北京孩子叫——拔老根儿，用叶梗或是草扣在一起互相拽，看谁的先断。清代的《群婴斗草图》描绘的就是这样的景象。但是我们小的时候又有了新招，为了自己的老根儿百战百胜，有用盐水泡的，更有甚者放在鞋窠里，效果固然不错，但味道也难以恭维。

有句老北京话叫“癞蛤蟆躲不过五月五”，这就要提到旧京的一样东西了——蛤蟆墨。端午节当天一大清早，人们就去郊外河边逮癞蛤蟆，拿回家往蛤蟆肚子里塞墨，那时候用的不是墨汁而是墨块儿，然后把塞了墨的癞蛤蟆放在太阳下晒干，现在看来手段有些残忍，但早年间都说这样的墨能治病，当然是真是假抑或药效如何，我不敢妄言，此事并非我所亲眼见到，也只是听老辈儿人提及而已。

老北京历来有“秋老虎”一说，即便眼瞅都立秋了，天儿也未见得凉快，只有到了重阳节，才真的是秋高气爽、天高云淡，在三伏天里闷了一夏景天儿的北京城似乎终于可以喘口气了，而生活在北京城的人们这个时候是打心眼儿里往外透着那么高兴。北京人冬天有猫冬的习惯，其实夏天大伙也懒得出门，当暑气全消的重阳节来临之时，也是大家想出去活动活动的时候了。

重阳节的习俗很多，最重要的一项恐怕就是登高了。说到登高的来历大多出自神话故事，比如在梁朝的《续齐谐记》中就记载了一则故事。东汉时，汝南有个叫桓景的人，拜仙人费长房为师，一起云游四海。某天，费长房对他说：“今年九月九，你家将有大灾降临。”桓景吓得不轻，赶忙求老师指点脱灾解难之道。费长房让他用小布袋装上茱萸，系在手臂上，然后登山，饮菊花酒，就可以逢凶化吉。桓景不敢耽误，赶紧回家照做。九月九当天，他带领全家人，登山、佩茱萸、饮菊花酒，傍晚回家，发现家中牲畜暴毙，而全家人却逃过一劫。从此每逢九月九，大家都学桓景

举家登高，于是这便成了重阳节的习俗。

由此可以看出重阳登高是为了驱邪避祸。不过纵观中国的历史文化，我们的祖先早已经意识到了一点。季节交替的时候人确实容易患病，于是大家当然期盼能够平安地度过天时的交替，这不过是古人把自然对人的影响戏剧化了而已。但是抛却这些神话故事不提，单说时节，重阳秋高气爽，确实也是登高赏景、爬山锻炼的好时节。

对于登山我一直也情有独钟，在北京也确有几处登高赏景的好去处，首推的当属西山八大处。八大处因为山中的八座佛寺而得名，但是让八大处蜚声海内外的却是二处灵光寺，因为灵光寺中珍藏着一颗珍贵的释迦牟尼佛灵牙舍利，堪称佛门至宝。站在八大处公园门外驻足远眺就可以看到群山环抱之中有一座宝塔，那里便是二处灵光寺。灵光寺始建于唐代，当时叫龙泉寺，后来经过辽代、明代的扩建和重修，明朝成化十五（1479 年）年重修之后，明宪宗朱见深赐名“灵光寺”，这个名字就一直用到了今天。

如今从二处灵光寺通往三处三山庵的路上有一座红门，穿过那道门回身观瞧，可以看到门楣上有一块长条的石匾，匾上写着“敕建灵光寺”，这几个字便是朱见深所题。在灵光寺的跨院里有一座残破的塔基，这里就是辽代修建的招仙浮屠的遗址。所谓浮屠其实就是佛塔，正所谓“救人一命，胜造七级浮屠”中的七级浮屠就是七级佛塔的意思，原本佛祖的牙齿就珍藏在这座招仙浮屠里面，而发现佛牙还是因为义和团与洋人的一场混战。

在清朝光绪年间，北京城里住着一个叫韩霭轩的人，此人家中十分富足。现如今有钱人都讲究城里一套房、郊区一套房，城里的房为了办事方便，郊区的房为了度假休闲，其实古人早有这么做的。这个韩霨轩就在灵光寺边上置了一套房，西山风景优美，空气也好，没事的时候韩霨轩就到这座宅院修养一段时间，而且这位财主平时与洋人走得很近，当时灵光寺东边三里多地有一座教堂，韩霨轩没事就去教堂和洋人聊聊天。

1900 年夏天，义和团驻扎在了灵光寺，当时义和团不光是专打洋人，就连和洋人有瓜葛的中国人他们也不放过，韩霨轩是个大财主，又跟洋人交往甚密，消息不胫而走，结果他被义和团给弄死了。韩霨轩是死了，可他的家里人咽不下这口气，就想着怎么给韩霨轩报仇。人是义和团杀的，可是义和团手里都有家伙，要找义和团报仇就得搬救兵，于是韩霨轩的家人搬来了洋人的军队。

都说仇人见面分外眼红，这下麻烦大了，洋人的联军在四平台村口，也就在灵光寺东边二里地，架起了大炮，朝着灵光寺连开了几炮，就把“招仙浮屠”轰倒了，不过也正是这洋人的几炮，后人居然在倒塌的招仙浮屠的塔基里发现了一个石函，里面装的就是绝世珍宝——佛牙舍利，而招仙浮屠被炸倒后就没有再复建，直到 1964 年灵光寺里另一座宝塔拔地而起，那颗佛牙舍利也被供奉在了新的宝塔中，那座辽代的残破塔基就供后人凭吊之用了。

灵光寺作为一座寺院，不光有佛门圣物，而且也是登高望远的绝佳之地。首先灵光寺山势不高，从进入公园大门，平缓地步行十分钟也就到了灵光寺，寺院依山势而建，建筑一层高过一层，从山门往上依次有四座平台，相距不远，而且站在任何一个平台上都可以看到北京城，非常适合老人登临。其次，八大处山中景色优美，有句话说得好“天下名山僧占多”，寺院如此多的一座山，每到秋季层林尽染，景色就可想而知了。再有就是八大处的位置好，紧邻香山，故此与香山的秋景相差无几，而香山秋天的红叶名气太大，人人都争相去香山赏秋色，便也忽略了八大处，一到秋季虽说八大处人也不少，但比起香山已是清净了许多。

眼瞅着这个夏天即将过去了，要说起这个夏天最让人难忘的是什么？估计有不少人还都记着那几个雷雨天。有报纸就报道了，光是 2013 年 8 月 11 号那次雷雨，截至当天晚 8 时，全市共计落雷 11028 次。雷击不仅直接导致首都机场一名环卫工人死亡，还引燃了昌平一个奶牛场。由此可见甭管科技再怎么发达，雷电都是人类不可避免的一种自然灾害。以今天的科技，一场大雷雨过后尚且有这么大的损失，早在还没有避雷设施的老北京，一场雷雨带来的损失更是无法估量，下边咱就说一回北京城有名的雷击实录。

大水冲了龙王庙——雷劈祈年殿

众所周知，雷电的产生是云彩里的电荷所致，但是在科技并不发达的古代，人们普遍认为天上有玉皇大帝，就像是人间的皇帝，他手下管着一堆的神仙，其中就有雷公电母，他们专门负责打雷打闪。按理说雷公电母本来是玉皇大帝的手下，在等级制度

森严的天庭，他们打死也不敢犯上，可是也有乌龙事件发生的时候，发生地就在天坛，那地方本来是祭天之所，可是竟然也招来过雷劈。

事情还要从天坛祈年殿讲起。天坛始建于明朝永乐十八年（1420年），占地面积是紫禁城的四倍，这倒是也好理解，古代的皇帝总是自称天子，那老天爷就是皇上的爹了，给爹修坛庙自然要舍得批地皮了。

祈年殿就是天坛里的主要建筑，而且一座祈年殿还包含了古人的天文学知识。大殿是圆形的，象征着古人天圆地方的宇宙观；房顶是蓝色琉璃瓦，象征着蓝天。殿内有二十八根柱子，最里圈的四根叫“龙井柱”，象征一年四季；中间一圈的十二根叫“金柱”，象征一年有十二个月；最外一圈的十二根叫“檐柱”，象征古时候一天的十二个时辰。中层和外层两圈相加是二十四根立柱，象征了一年的二十四个节气。三圈柱子加在一起是二十八根，又象征天上的二十八星宿。再加上大柱子顶端的八根童柱，总共是三十六根，这象征着三十六天罡。正中央宝顶下边有一根“雷公柱”这代表的是皇帝“一统天下”。

但是在清光绪十五年（1889年）八月二十四下午，祈年殿的厄运来了，当时北京城突降暴雨，霎时间电闪雷鸣。一道闪电劈下之后，诡异的事情发生了，先是西便门外有一棵大槐树被劈成了两半。但是人们却在被劈开的树干里发现了一条一丈多长的蛇皮，大家顿时炸了锅，有人说大蛇是被雷劈死的，也有人说那就是个蛇蜕下来的皮，而蛇妖已经逃到另处避难了。就在大伙争论不休的时候又是一声炸雷，不偏不倚，正把祈年殿的匾额击碎了掉在了地上，同时殿顶也起了火。片刻之后，祈年殿陷入了一片火海。值守的官兵赶紧敲锣示警，迅速调集城里的水会，也就是当时的消防队赶赴火场。可是以当时的消防设施，祈年殿高达 38 米，水柱根本够不着。大火愈烧愈烈，奉祀官员刘世印只得率领士兵，冲进火场抢救供奉在祈年殿里的“昊天上帝”神位宝座和清朝皇帝“列祖列宗”神位宝座。由于“昊天上帝”神位宝座已经燃烧起火，致使无从下手，于是只能把“列祖列宗”牌位和“九龙大宝座”抢出来。

这场大火让皇家损失惨重，但是却给老百姓谋了福利，此话怎讲呢？原来祈年殿里“昊天上帝”神位宝座和祈年殿里的大柱子都是香楠木的，这场大火毁了祈年殿，却让北京城香飘数十里，足足让南城的老百姓闻了好几天。

要说这雷公电母也是够不长眼的，愣是一个霹雷把玉皇大帝驻北京办事处给烧了，北京有句歇后语，这叫“醉雷公——胡劈”，这是属于不长眼的。更有甚者，说是蛇妖逃进了祈年殿，雷公除妖心切，这才误劈了祈年殿。但是下边这起雷击事件还是发生在北京的南城，不过这起事件就属于老天有眼了。

雷劈叛贼塔——老天有眼

法源寺位于北京的南城，如今是中国佛教界的最高学府——中国佛学院，要提起法源寺的出名也许还要归功于李敖的那本诺贝尔提名奖的书《北京法源寺》。

咱都知道坊间盛传清朝的顺治皇帝因为心爱的董鄂妃去世，

于是看破红尘出家了，而事实上顺治并没有出家，他只是找了一个替身出家，以此来表示自己心系佛门。这位替身就是顺治身边的一个太监吴良辅，而吴良辅出家的寺院正是法源寺。据史料记载，顺治帝在辛丑年正月初二来到法源寺，当时还叫悯忠寺，观看了吴良辅的剃度仪式。

但是要说到法源寺的年岁可远比顺治大得多。唐太宗东征高丽在这个地方开的誓师大会，没想到战争并不顺利，唐兵死伤惨重，后来唐太宗在此地掩埋将士尸骨，在土坡上又建了悯忠阁，可以说法源寺的前身就是一个大坟头。直到武则天当政时期，在悯忠阁周围加盖寺院，并且亲自赐名——悯忠寺。唐中期发生了一场震惊全国的叛乱——安史之乱，这场叛乱的见证者就是法源寺，安禄山和史思明在法源寺山门左右各建了一座石塔，唐中和二年（882 年）的一天，又是一声惊雷击中了石塔，粉碎了叛贼自立的丰碑，这也算是老天有眼了。

不过话说回来，虽然说雷劈叛贼塔听着特别解气，但是咱也不能迷信，这雷劈什么、不劈什么，还得取决于这建筑是不是招雷。比如说安禄山和史思明这两座塔，据记载当时在法源寺属于比较高的建筑，而且塔是尖的就容易招雷。咱下边要讲的还是一座塔遭雷击的事件，但是这座塔在北京可是赫赫有名啊！

哪吒的火尖枪竟成避雷针——白塔寺

白塔寺因白塔而得名。元至元八年（1271 年），当时忽必烈命尼泊尔工匠阿尼哥主持修建了这座大白塔，并且以白塔为中心确立庙址。忽必烈的办法很有草原民族的彪悍之风，他命四位弓箭手站在白塔的四周，向东西南北各射一箭，箭落之地就是寺庙的范围，据记载当时这四支箭差不多都射出了 200 多米，照此一算，白塔寺当时有 16 万平方米。

在元朝，白塔寺不光是礼佛祈福的场所，它还有两大作用。第一是百官习礼之所，众所周知古代宫廷礼仪繁杂，要是赶上大型的朝会，场面壮观但是还要威严有序，所以这些礼仪平时是需要演习的，可是您总不能去皇上家门口演习吧，所以得另找场地，可巧白塔寺面积够大，于是在元朝，白塔寺还是百官演习礼仪的地方。第二供奉祖先，古人特别讲究敬重祖先，有钱人家都有自家的宗祠，即便是寻常百姓家还要供个祖宗牌位呢，皇上家就更不用说了，现如今的劳动人民文化宫就是当年皇上家祭祖的太庙。不过太庙是建于明朝永乐年间的，元大都虽然也有太庙，那是 1277 年建在齐化门，也就是现在朝阳门内的，但是元代还有一个祭祖的地方，正是白塔寺。据史料记载，元朝时白塔寺里设有御容殿，殿内安置了好几位帝王的画像，当政的皇帝还要定期前往祭拜。

白塔寺的重要不光是对于皇家而言，在民间也有很多的传说，比如说北京城是按照哪吒的形象修建的，各个城门就是哪吒的头、脚、胳膊，而北京城东边的东岳庙就是哪吒的乾坤圈，北京城西边的大白塔就是哪吒的火尖枪。但是在元至正二十八年（1368年），大元朝的江山即将倾倒之际，这根火尖枪竟然成了避雷针，《元史》中记载："至正二十八年六月甲寅，大都大圣寿万安寺灾。是日未时，雷雨中有火自空而下，其殿脊东鳌鱼口火焰出，佛身上也火起，帝闻之泣下，亟命百官救护，唯东西二影堂神主及宝玩器物得免。余皆焚毁。"

其实这次雷劈白塔寺并不是预示着元朝要覆灭，只是时间赶巧了，正好是在元末。咱们现代人几乎都知道什么地方容易招雷，比如空旷的地方，比如高耸的建筑，可巧，北京有这么一个地方，那儿是既空旷而且高大的建筑还多，这就是皇上家——紫禁城。

紫禁城建成于永乐十八年，距今六百多年，住过明清两朝的24位皇帝，但是皇上家也曾多灾多难。据《明史·五行志》记载，光是在明朝，紫禁城就遭过13次雷劈，下边咱们就细数一下：

1. 正统八年五月（1443年6月3日），雷击奉天殿鸱吻。

2. 正统九年闰七月（1444年9月7日），雷击奉先殿鸱吻。

3. 景泰三年六月（1452年7月3日）雷击宫廷中门，伤人。

4. 弘治三年七月（1490 年 8 月 18 日），雷击午门西城墙。

5. 正德十六年八月（1521 年 9 月），雷击奉天门。

6. 嘉靖十年六月（1531 年 6 月 24 日），雷击午门角楼及西华门城楼柱。

7. 嘉靖十六年五月（1537 年 7 月 2 日），雷击谨身殿鸱吻。

8. 嘉靖二十八年六月(1549 年 8 月 23 日),雷击奉先殿鸱吻。

9. 嘉靖三十八年六月（1559 年 7 月 30 日），雷击奉先殿门外东西二墙。

10. 万历三年六月（1575 年 7 月 19 日），雷击建极殿鸱吻。

11. 万历二十二年六月(1594 年 7 月 14 日),雷击西华门城楼。

12. 崇祯十六年五月（1643 年 6 月 16 日），雷击太庙只是铜器被雷火所熔。

13. 崇祯十六年六月（1643 年 8 月 7 日），雷击奉先殿鸱吻。

咱们细数一下不难发现，这十三次雷击事件中，有六次都是劈中了鸱吻。那这鸱吻到底是何物？为什么这么招雷劈呢？鸱吻是一只神兽，它是龙的九个儿子之一。说龙生九子各有所好，鸱吻的喜好就是张着大嘴逮什么吞什么，于是古人把它安置在屋脊的两侧，让它啃着房脊，所以也叫“吞脊兽”。而且据说鸱吻身为龙子可以呼风唤雨，所以古人把它安置在房顶也有避火的寓意，但是没承想，火是没避开，雷倒是没少来。

按说鸱吻站在这么高的地方确实容易遭雷劈，但是世事无绝对，有这么一对鸱吻却一直平安无事，它们就藏身于潭柘寺。咱都知道潭柘寺隐秘在门头沟的山里，山区的雷电灾害应该加个“更”字，可为什么这哥儿俩没事呢？这就要从它俩的身世说起了，据说潭柘寺从前是一眼龙潭，后来因为华严和尚看中此地要兴建寺院，于是龙王主动让出宅基地，并且还派自己的两个儿子来保护寺院，这就是那俩鸱吻。寺院建成后倒也相安无事，时光更迭，一直到了清朝，康熙皇帝有一次来潭柘寺进香，当他来到潭柘寺大雄宝殿门前的时候，眼看着大殿顶上的两只鸱吻正在喷云吐雾，要驾云而去，康熙为了不让鸱吻飞走，马上命人用鎏金的锁链把鸱吻锁在了房顶，这才平安无事。传说显然是假的，但是当年康熙御赐的这两挂锁链却真起了作用，咱都知道金属导电，当年的这两根锁链竟然歪打正着地成了避雷线，赶上雷雨交加的时候，如果雷击中了鸱吻，锁链可以马上导电，再把电流传给沿着屋檐流下的雨水，直接导入地下，但前提条件是雨量要足够大，如果是干打雷不下雨，那这锁链子也白搭。

前段时间有则新闻被炒得是沸沸扬扬，就是颐和园的琉璃佛像佛头遭破坏，后来人家管理处出来澄清了，事发地是佛香阁景区智慧海外墙的琉璃佛像，因为这些佛头都是后来修缮的时候新添的，受热胀冷缩的缘故所以脱落的。咱今天不说这事儿，但是要说说这佛香阁，因为下一个京城雷击事件和这儿有关。

颐和园始建于乾隆十五年（1750 年），而作为颐和园的点睛之笔，也是中心建筑的佛香阁其实最初的设计图纸并不是这样的。原本乾隆打算在万寿山的前山修建一座大报恩延寿寺为母亲祝寿，还要在现在佛香阁的位置仿照杭州六和塔为母亲修建一座九层的延寿塔，可是宝塔修到第八层的时候突然拆毁了，个中缘由令大家纷纷猜测。猜测一，乾隆是个孝子这是有目共睹的，为母庆寿是好事，但凡事都要讲究方式方法，有时候也容易好心办坏事，就拿建塔祝寿来说吧，宝塔源于佛教，最初塔的作用就是坟头，里面供奉的是佛祖或是高僧的舍利，为母亲祝寿修个坟头显然是不大合适；猜测二，梦想与现实的差距总是很大的，当宝塔建到第八层的时候，乾隆突然觉得在 20 米的高台上修建一座宝塔略显突兀，而且与周围的景观也格格不入，所以下令拆掉，看来因地制宜这话说得一点没错；猜测三，就与今天的主题有关了，宝塔修到第八层的时候正好赶上雷雨，宝塔被雷击中，所以不得不下旨拆掉。

宝塔拆掉之后在原址建起了佛香阁，这座建筑显得稳重大气，而且与周围的景色也相得益彰，但问题是佛香阁虽不是宝塔，可它也是一座佛教建筑，为什么乾隆非要在万寿山上建佛教建筑呢?

老北京有这么一个传说，话说当年乾隆看上了万寿山这块风水宝地，要在此处建园，此时有人劝告，说万寿山下原本是明朝的一个妃子墓，还是不动为好，可乾隆偏偏不听劝执意动工，万没想到果然在万寿山下挖出了一个墓门，乾隆闻讯赶到，墓门打开之后，乾隆看到墓道里刻着一行字“你不动我，我不动你”，给乾隆当时吓出了一身白毛汗，他赶紧命人回填墓地，并且在万寿山上边建塔镇墓。

这不过是一个老北京的传说，万寿山下没有什么妃子墓，但是颐和园周围在明清时期却有好多的坟头，而且这些墓主人都有同一个身份——太监。明清时期太监也叫“中官”，所以当时颐和园周围有大量的中官坟，而在这一片还有好多太监为了出宫养老而捐资修建的寺庙，他们出宫之后就住在庙里，所以老百姓管太监扎堆儿的地方叫中官屯，新中国成立之后大家嫌弃这个名字不雅，这才有了现在的——中关村。

说了这么多北京城的雷击事件，其实现代人对于雷电的知识已经相当普及了。但是古人不行，他们认为雷是由神仙掌管的，要想免遭雷劈就得供奉雷神，而且这个雷神是上到皇家下到百姓全都公认的。

北京城有外八庙一说，现在这八座庙也都在，只是不对外开放了，其中坐落于西城区北长街 71 号的昭显庙就是皇家供奉雷神的地方，俗称雷神庙。原本天坛建成之后，天上的风雨雷电各路神仙是供奉在一起的，皇帝每年定时祭拜，但是到了清朝，雍正琢磨清楚了一个问题，既然天坛都祭祀上天了，为什么紫禁城在明朝还遭了 13 次雷劈呢？肯定是雷神不满意啊，于是雍正十年（1732 年）修建昭显庙单独供奉雷神。

皇上家祭祀雷神去昭显庙，老百姓的民宅也保不齐会遭雷劈，为了求得心理安慰，大家纷纷涌向白云观，因为白云观里有一座建于明正统三年（1438 年）的大殿，就叫——雷祖殿，顾名思义，里面供奉的就是九天应元雷声普化天尊，旁边还站着四位，分别是风、雨、雷、电四位天将，这几尊都是明代铜像。不过如今也许是科技发达了，避雷设施先进了，所以在白云观里这座雷神庙也略显冷清了。

北京在成为国际化大都市的同时，似乎也在坚守着自己几百年来沉淀下的性格不肯改变，在我看来那就是北京的韵味。来到北京旅游的人们，就算是粗浅地坐着三轮车转转胡同，参观一下四合院，即便是不谙深理，那也算是来到北京不可不做的事。而四合院、胡同对于北京人而言，那是融在血液里、割舍不去的一种情愫。如果提及北京的标志性民居，我想任何人都会不假思索地说出——四合院。也许很多人都还记得，20世纪90年代写信时贴的邮票，有一套二十一枚、面值为八分钱的邮票，展现的是21个省市的民居建筑，代表北京的那一枚邮票的图案便是四合院。

四合院虽然是北京的标志性民居，但如果细究起什么是四合院，估计但凡不是老北京人心里都得犯嘀咕。也许有人会说，四四方方一个院，四面都是房子，就是四合院。其实不然，正规的四合院不是正方形的，而是长方形的。老北京正规的四合院应该是南北长、东西窄、坐北朝南的长方形的院子。所谓“四合”，

其实是指由北房、南房和东西厢房围成的一个院子。如果您喜欢遛北京的胡同，可能也会发现有的院子北房、东西厢房都有，就是没有南房，南边是一面墙，这种院子为数也不少，但是严格地来说，这只能算是三合院。

四合院的院墙基本都是院子里房屋的后山墙，用房屋的墙取代了院墙，既节省了建筑材料，还充分地利用了空间，而且封闭性也好，只要是院门一关，院子里就是一个独立的小世界了。标准的四合院一般都是建在胡同的路北，坐北朝南，大门建在东南角。按照古代八卦的方位来说，东南是“巽”位，“坎宅巽门”是吉宅。巽在八卦当中代表风。但我觉得这种建制用现代科学也是讲得通的，北京的冬天刮西北风，四合院的北面是高墙，可以挡风、保暖。而夏天天热，刮的是东南风，院门开在东南角，正好可以享受穿堂风，凉快。说到四合院的门，还让我想起了一首儿歌，“小小子，坐门墩儿，哭着喊着要媳妇”，夏日的北京东南风一刮，四合院门里幽长的门道是最凉快的地方，门墩又是石雕的，坐在门墩上吹着凉风，难怪小小子要坐在门墩儿上了。

说四合院是有规矩的，因为这样一座建筑其实是反映了北京人小到生活习惯、大到伦理纲常的规矩。比如四合院的大门就很有讲究，按照等级划分，有广亮大门、金柱大门、如意门、蛮子门等等。大门口的建制不同，代表这家人的身份地位也是不一样的，从门口一眼就可以看得出来，所以民间有句话叫——门当户对，说的就是靠大门的建筑来衡量一家人的地位。

老北京的四合院早年间一般都是一家子居住，每间房都住什么人也是有讲究的，家里的长辈住在北房，也就是正房，因为北房光照好，冬暖夏凉，让一家的长辈住在最好的北房，这也是体现了中国人传统的孝道。坐在北房里面朝南，左手边也就是东边为上手，右手边也就是西边为下手，一般按照规矩，长子住东房次子住西房，这叫长幼有序。四合院的南房一年四季不着阳光，阴冷潮湿，算是整座院子里最不好的一间房子，所以大都作为门房传达处，或是仆人们住的地方。四合院的后罩房是整座院子最靠里的一排屋子，一般作为女眷的住所或是姑娘的闺房，因为要走到后罩房就得穿过整座院子，等于这一院子的人都起到了保安员的作用，所以让女眷住在最里面也是出于安全考虑，还有一点就是封建社会讲究女人要大门不出二门不迈，一定要深居简出、遵守妇道。在《红楼梦》里就有这样的描写，薛姨妈跟男仆说话都得隔着门帘，家里的小姐太太更是不能和男仆随便来往。有的家教更严，男仆因为特殊情况进入内院，女眷都要回避。您看，一座小小的四合院却把长幼尊卑甚至三从四德都涵盖其中了，从此建筑不光是冷冰冰的砖木结构，它还蕴含了古人的智慧与传统。

一说到标准的四合院总要引到这么一句话“天棚鱼缸石榴树，先生肥狗胖丫头”，其实这里讲究很大，天棚鱼缸这说的是小院的生活意境，过去北京人一到夏天讲究在院子里搭天棚。早先北京城有很多的棚铺，专门承接这种活儿，干活的人手脚麻利，基本一天便可以搭好天棚，他们干起活来要爬高，因为手脚麻利，所以北京人给他们起了个外号叫“猴爬杆的”。天棚搭好之后是略高于房檐的，而且天棚上还留有天窗，用绳子一拽便可以卷起或铺平，既不影响采光还可以在太阳最毒的时候遮阴或是雨天遮雨。那时候一到夏天，大人们在天棚下喝茶聊天，孩子们在天棚下嬉戏，这才是最鲜活的老北京生活图景。过去的老北京，大户人家几乎家家夏天都搭天棚，但是天棚也有缺点，一是容易招贼，因为小偷蹿房越脊天棚就是最好的掩护，二来就是容易失火。1950 年 12 月份西安门失火，据说是因为在附近卖炸油饼的小贩油锅失火后引燃了席棚，从此以后再搭天棚必须向公安局申报，所以北京的天棚渐渐淡出了历史舞台。

鱼缸养的多是金鱼，寓意着年年有余，为的是讨个吉利。养金鱼最讲究用大瓦缸，因为它“不烧鱼”，而且时间长了以后瓦缸可以挂绿苔，整缸的水是绿色的，看着的时候特别“镇眼睛”，那时很多住在四合院里的文墨之人，看书累了便会信步踱到院子里，眼睛看着缸里的绿水和金鱼缓解一下眼疲劳。

石榴树代表的是“多子多福”的吉祥寓意，因为石榴这种水果多子。先生指的是账房先生或是教书先生，说明这家人有钱要请账房先生管账，如果是教书先生则体现了这家人重视教育，乃是书香门第；肥狗，您想啊！连狗都养得那么肥，足见这家的生活富足；而胖丫头则应了这么一句老话“穷养小子、富养闺女”，女孩子要富养，从小吃过见过以后不容易被诱惑，所以胖丫头也表现了富足的生活。当然也有另一种说法，丫头是女仆，连用人都能吃胖了，也体现了这家人生活富足。

随着时代的更迭，四合院也从起初的一个家族居住，逐渐变成了几户甚至十几户混居的大杂院，各家的生活起居也都互相干扰，这么一来也容易产生邻里间的纠纷。几家人住在一个院子里，自家的隐私也成了问题，邻里要是和睦相处还好，可即便是有了矛盾，一般在表面上也得和和气气，不到万不得已，谁也不会撕破脸，住在大杂院里的都是平头百姓，谁家也不趁个几处房产，如果邻里吵翻了脸，您还没地儿搬家，这低头不见抬头见的，您说别扭不别扭。一般引发矛盾无非也都是利益瓜葛，谁家多盖个小厨房了，谁家多搭个煤棚子一类的事情，再有就是那时候每个院子就一块水表，每月的水费各家平摊，这么一来人口少的家庭必然心里不平衡啊。

在我小时候北京一户一个四合院的生活已经不多见了，但我还有幸感受过，我姥爷家的小院子只有两户人家，但是另一户是我姥爷的亲哥哥，所以这也算得上是一家人住一个院子了。那种北京小院里的安静祥和又人情味十足的生活是我此生难忘的，有很多人问我，为什么年纪不大对老北京如此怀念，那实在是因为我亲身感受过很多啊！

忆京冬

寒风乍起的冬夜，一个人坐在窗前，手边一壶冒着热气的茉莉花茶，望着窗外萧瑟的夜景，不禁又想起了儿时住在胡同里的冬天。

在记忆里北京的冬天是很忙碌的，立冬前后家家户户就准备齐了过冬的物资，那时不像现在，一年四季能买到的东西几乎都一样，老北京过冬天是要提前囤货的，等冬天真的来了，除了上班的人，孩子放寒假和老人一起在家几乎就是“猫冬”了。立冬时节天气还不是很冷，蜂窝煤和大白菜是最先要往家里运的，这二位，一个管温一个管饱，这就是温饱的保障。那时买什么东西好像都要凭本，蜂窝煤也不例外，要用煤本才能买到。儿时我住在宣武区的官菜园上街，胡同的南头就有一家煤场，每到立冬前后，煤场就开始天天赶工，机器轰隆隆地响。当时记得很清楚，压蜂窝煤的机器有两条履带，一边往机器里运煤末子，另一边的履带出来的都是一块块成形的蜂窝煤，当时在我们眼里，这就是高科技了。寒假闲来无事，几个孩子守着压煤的机器，一看能看

大半天儿，想来也是够无聊的。初冬的北京，平板三轮拉着一车车的蜂窝煤是一道标志性的风景，煤场的工人把煤运到各家各户，抄起车上的一块木板，把蜂窝煤码得老高，一次就能搬走好多，但好像雇煤场的工人往家里搬煤是要单加钱的，所以我的记忆里都是爸爸借一辆铁皮三轮去拉煤，回家之后用簸箕自己往家里搬。

那时我虽然小，但总是争着帮大人搬煤，不是真有劳动积极性，其实就是图个新鲜好玩，大人拗不过，也就给我找了一个小簸箕，又怕我把蜂窝煤掉地下摔碎喽，因为那都是花钱买的，于是一次只放两块。小孩本来就搬得少，再加上走得慢，整车的煤都搬完了其实我也没帮上多大忙儿，倒是一身的脏衣服还要让爹妈头疼，我想这就是传说中的帮倒忙吧。不过蜂窝煤也不是谁家都舍得用的，记得当时胡同里有个别生活确实困难的，都是去煤场买煤末子，回到家掺水自己做煤块，做法我还记得，因为摇煤球确实有一定的技术含量，于是他们就发明了改良版的“煤球”，做一个大概两尺长一尺宽的木头框子，放在地下，把掺了水的煤末子，还要加上黄土，要不然不成形，倒在木框子里，拿一根木条儿把面儿上刮平，再用刀，横儿刀竖儿刀地切成小块儿，等到干了就可以当煤球用了。

把煤囤好了就该拾掇炉子、刷烟囱了，刷烟囱都是拿铁刷子，把搁了一夏天的烟囱拿出来，因为夏天闷热，所以烟囱会生锈，用铁刷子把烟囱上的铁锈刷掉，如果烟囱锈蚀得太严重有了小洞，那叫沙眼，那就不能使了，必须买新的，因为中了煤气可是要命的事儿，所以谁也不会因为心疼俩钱儿而因小失大。还有就是要安风斗，为了通风。因为用炉子取暖确实有很大的安全隐患，一到冬天哪条胡同里要是没有个煤气中毒的那都算新鲜了。

取暖设施准备妥当，接下来就该是囤吃的了。冬储大白菜也像蜂窝煤一样的要成车成车地往家运，一到买白菜的时候几乎是全家齐动员，有去菜站运菜的，卸在院儿门口有往院儿里搬的，对于孩子来说，就是晚上菜站没人的时候，地上总会留下一堆的白菜帮子，踩在脚底下很滑的，于是脚踏白菜帮子满胡同滑旱冰，这也成为了那个时代我们能想到的娱乐项目了。

儿时的北京比起现在，物质上匮乏了很多，但正是因为有了局限才能激发起人们无限的创造力。就说吃吧，冬天能有的蔬菜无外乎就是白菜、土豆、雪里蕻、西红柿、扁豆、萝卜这数得上来的几样。一到冬天，院子里总要准备两口缸，一大一小，大缸渍酸菜、小缸腌雪里蕻，还有的人家会找来一堆医院里的点滴瓶子，那会儿还都是玻璃瓶带橡胶塞儿的，用那个瓶子灌西红柿酱，窗台上码着一排，那时好像也不太嫌弃医疗垃圾脏不脏。扁豆和土豆几乎是炖肉的时候才会用到的，所以冬天的饭桌上我很期盼能见到它们的身影；萝卜在冬天吃的大多是心里美，小时候北京的街头时常会看到蹬着平板三轮卖心里美萝卜的小贩游商，当时他们在我眼里就是雕塑家，总能用一把小刀，三下两下就雕出一朵萝卜花，插根儿筷子当幌子招揽顾客。买回家的心里美萝卜基本都用来做凉菜，切成丝，倒上醋、撒上白糖吃起来格外地爽口。其实蔬菜不光是可以用来吃，也可以给万物凋零的冬季增添一点情趣，切下来的白菜根儿、萝卜根儿找个小碟儿泡在里面都会开花的，还有蒜瓣儿，用线穿起来，在小碟里码成一圈倒点水，也会长出青蒜苗儿，赶上家里吃炸酱面的时候，把青蒜苗儿剪下来切成末儿，又是一道菜码儿；也许这些比不上名贵的花草，但它却是老北京人生活的一种情趣。

儿时北京的冬天虽说物质匮乏，但是零嘴儿也不是没有，一到冬天正是各种炒货上市的时候，什么炒花生瓜子、糖炒栗子的香味弥漫在北京的街头巷尾，因为炒货并不便宜，所以普通百姓人家也只是隔三岔五地吃上一次。说到糖炒栗子让我想起了我爷爷的一则趣闻，那是我小学的时候，爷爷下班拿着一包糖炒栗子自己乐着就进了家门，奶奶接过栗子问您怎么了？爷爷说："我今天下班买糖炒栗子，我记得是四毛一斤，我也没问价就说包一斤，我给了人家五毛，结果谁知道眼下栗子已经涨到六毛一斤了，我原地不动窝等着找钱，卖货的也原地不动窝等着我接着掏钱，站了半天，我跟他说你倒是找钱啊！人家说，大爷您这钱还不够呢！你说我乐不乐？"奶奶听完接过话茬儿来冲我们说："你们就说说这抠老头儿多少年不买东西了吧！"全家当时笑成了一片。

除了栗子，柿子也是冬天的一道美味，那时家里还有米缸，柿子搁在米缸里漤，漤柿子是为了让它变软去涩，漤好的柿子咬开一个小口，完全是可以嘬着喝的，所以北京有句歇后语"老太太吃柿子——嘬瘪子了”，偶尔还能嘬出几个小舌头儿，嚼在嘴里咯吱咯吱的那就更美了。而冻柿子另有一番滋味，不用搁在冰箱里，放在窗台上，冬天夜里的温度就足以把柿子冻得邦邦硬了，吃的时候要在凉水里泡上一会儿，柿子表面会结上一层冰壳，剥开冰壳啃掉柿子皮就可以咬了，牙齿咬在硬邦邦的冻柿子上，混身当时就能起一层的鸡皮疙瘩，但是别看柿子那么凉，冬天吃却绝不会跑肚拉稀。

要说起儿时北京的冬天我最喜欢的还是冬夜，一家人坐在屋里，炉火笼得旺旺腾腾的，为了省电，屋里只有电视发出微弱的光。大人们喝着茶聊着家长里短儿，有一搭无一搭地看着电视，我则搬个小板凳坐在炉子边，炉子上坐着水壶，壶嘴的蒸汽一直在冒，这就是老北京冬天里最原始的加湿器，我则看着炉台上烤着的馒头片，拣那烤酥了的吃上几口，外面北风呼号，刮得电线杆子上的电线发出瘆人的声响，望向窗外黑漆漆的一片，觉得屋外是那么可怕，屋里却是如此温馨。如果是个雪夜，那就有更多期盼了，那时北京的汽车还不多，雪下在胡同里能落得住，被过往的行人踩得瓷实了就好像地上铺了一层奶油雪糕，孩子们穿得又是塑料底儿的五眼大棉窝，所有的孩子几乎都是一路在雪地里出溜到学校的，还有一种游戏就是拉冰车，一个孩子蹲在地上，另一个孩子在头里拉着，有时孩子们犯坏，前边的孩子跑得飞快，突然一拐弯一撒手，后边这孩子四仰八叉地就抡出去了。

时隔多年我住的胡同被拆了，我也搬进了楼房，每到冬夜再也找不到儿时的感觉了，倒是有一次心血来潮，在一个冬天的夜晚一个人裹着大衣走进了一条胡同，看到自己的影子在冷清的胡同里被路灯拉长了又变短，一家院门口的地上放着一块发了白还有些微弱火苗的乏煤，一阵北风吹过，身后是一串易拉罐在柏油路面上滚动的清脆响声，临街的高高的小窗户里传来了电视的声音和几声炒菜的呲啦声，不一会儿便是饭菜的香味飘然而至，胡同里的小卖部还亮着灯，一个穿着毛衣和秋裤的北京老爷们儿从小卖部的窗口里接过两瓶啤酒，瑟瑟发抖地往家跑，这一切曾是那么地熟悉。